글 오영석

어린이들이 재미있고 신나게 읽을 수 있는 책을 쓰기 위해 노력하는 작가입니다. 나와 똑같이 고민하고, 실패했던 위인들의 이야기를 통해 독자들도 '할 수 있다'는 마음을 가지길 바랍니다. 작품으로 《세계사 한국사》, 《과학 교과 주제 탐구Q. 몸》, 《걸어서 세계 속으로 2. 일본》 등이 있습니다.

그림 이종원

1996년 잡지 《빅점프》 연재를 시작으로 학습, 코믹 등 다양한 장르의 만화를 그리고 있습니다. 작품으로 《아기공룡 둘리 과학탐험대 1,2》, 《아기공룡 둘리 세계대탐험 3》, 《황금교실－화학반응》, 《통째로 한국사 6》, 《Why? 국가와 국기》 등이 있습니다.

감수 경기초등사회과연구회
진로 탐색 감수 이랑(한국고용정보원 전임연구원)
추천 송인섭(숙명 여자 대학교 명예 교수)

 세계 인물

마하트마 간디

개정판 1쇄 인쇄 2024년 11월 15일
개정판 1쇄 발행 2025년 1월 1일

글 오영석 **그림** 이종원

펴낸이 김선식
펴낸곳 다산북스

부사장 김은영
어린이사업부총괄이사 이유남
책임편집 박세미 **디자인** 김은지 **책임마케터** 김희연
어린이콘텐츠사업1팀장 박정민 **어린이콘텐츠사업1팀** 김은지 박세미 강푸른
마케팅본부장 권장규 **마케팅3팀** 최민용 안호성 박상준 김희연
편집관리팀 조세현 김호주 백설희 **저작권팀** 이슬 윤제희 **제휴홍보팀** 류승은 문윤정 이예주
재무관리팀 하미선 김재경 임혜정 이슬기 김주영 오지수
인사총무팀 강미숙 이정환 김혜진 황종원
제작관리팀 이소현 김소영 김진경 최완규 이지우 박예찬
물류관리팀 김형기 김선민 주정훈 김선진 한유현 전태연 양문현 이민운

출판등록 2005년 12월 23일 제313-2005-00277호
주소 경기도 파주시 회동길 490
전화 02-704-1724 **팩스** 02-703-2219
다산어린이 카페 cafe.naver.com/dasankids **다산어린이 블로그** blog.naver.com/stdasan
종이 신승NC **인쇄** 북토리 **코팅 및 후가공** 평창피앤지 **제본** 대원바인더리

ISBN 979-11-306-5819-3 14990

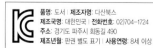

품명: 도서 | **제조자명**: 다산북스
제조국명: 대한민국 | **전화번호**: 02)704-1724
주소: 경기도 파주시 회동길 490
제조년월: 판권 별도 표기 | **사용연령**: 8세 이상
※ KC마크는 이 제품이 공통안전기준에 적합하였음을 의미합니다.

마하트마 간디
Mahatma Gandhi

다섯
어린이

자신만의 멘토를 만날 수 있는
who? 시리즈

다산어린이의 〈who?〉 시리즈는 어린이들은 물론 어른들에게도 재미와 감동을 주는 교양 만화입니다. 〈who?〉 시리즈는 전 세계 인류에 영향력을 끼친 인물들로 구성되었으며 인물들의 삶과 사상을 객관적으로 전해 줍니다.

이처럼 다양한 나라와 분야에서 활약한 위인들의 이야기를 통해 과학, 예술, 정치, 사상에 관한 정보는 물론이고, 나라별 문화와 역사까지 배우게 될 것입니다. 〈who?〉 시리즈의 가장 큰 장점은 위인들이 그들의 삶에서 겪은 기쁨과 슬픔, 좌절과 시련, 감동을 어린이들이 함께 느낄 수 있다는 것입니다. 어린이들은 이 책을 읽으면서 폭넓은 감수성을 함양하게 됩니다.

〈who?〉 시리즈의 어린이 독자들이 책 속의 위인들을 통해 자신만의 멘토를 만나 미래의 세계적인 리더로 성장하기를 진심으로 응원합니다.

존 덩컨 미국 UCLA 동아시아학부 교수

존 덩컨(John B. Duncan) 교수는 한국학 분야의 세계적인 석학으로 미국 UCLA 한국학 연구소 소장 및 동 대학의 동아시아학부 교수를 겸직하고 있습니다. 하버드 대학교 교환 교수와 고려 대학교 해외 교육 프로그램 연구센터장을 역임했으며, 주요 저서로는 《조선 왕조의 기원》, 《조선 왕조의 시민 행정의 제도적 기초》 등이 있습니다.

세상을 더 나은 곳으로 만든 사람들의 이야기

어린이들은 자라면서 수많은 궁금증을 가지게 됩니다. 그중에서도 "저 사람은 누굴까?"라는 질문은 종종 아이들의 머릿속을 온통 지배해 버리기도 합니다. 다산어린이에서 출간된 〈who?〉 시리즈는 그런 궁금증을 해결해 주기 위해 지구촌 다양한 분야의 리더들을 소개하고 있습니다.

〈who?〉 시리즈에 등장하는 인물들은 인종과 성별을 넘어 세상을 더 나은 곳으로 만든 사람들입니다. 어린이들은 이 책에서 디지털 아이콘으로 불리는 스티브 잡스는 물론 니콜라 테슬라와 같은 천재 발명가를 만날 수 있습니다.

책 속 주인공들의 어린 시절 이야기를 통해 기쁨과 슬픔, 도전과 성취감을 함께 맛보고, 그들과 함께 성장하면서 스스로 창조적이고 인류에 도움이 되는 사람이 되겠다는 포부와 자신감을 갖게 될 것입니다.

〈who?〉 시리즈 속에서 다채롭고 생동감 넘치는 위인들의 이야기를 만나 보세요.

에드워드 슐츠 하와이 주립 대학교 언어학부 교수

에드워드 슐츠(Edward J. Shultz) 하와이 주립 대학교 언어학부 교수는 동 대학의 한국학센터 한국학 편집장을 역임한 세계적인 석학입니다. 평화봉사단 활동의 하나로 한국에서 영어 교사로 근무한 경험이 있으며, 현재 한국과 미국, 일본을 오가며 활발한 활동을 펼치고 있습니다. 저서로는 《중세 한국의 학자와 군사령관》, 《김부식과 삼국사기》 등이 있고, 한국 중세사와 정치에 대한 다수의 기고문을 출간했습니다.

미래 설계의 힘을 얻는 길이 여기에 있습니다

어린이가 성장하는 시기에는 스스로 미래를 설계하며 다양한 책을 접하는 경험이 필요합니다.

어린 시절 만난 한 권의 책이 인생에 미치는 영향이 얼마나 큰지는 꿈을 이룬 사람들의 말을 통해서 알 수 있습니다. 빌 게이츠는 오늘날 자신을 만든 것은 동네의 작은 도서관이었다고 말하고, 오프라 윈프리는 어린 시절 유일한 친구는 책이었음을 고백하며 독서의 중요성에 대해 이야기합니다.

꿈을 이룬 사람들의 공통점은 또 있습니다. 그들에게는 어린 시절, 마음속에 품은 롤 모델이 있었습니다. 여러분의 롤 모델은 누구인가요? 〈who?〉 시리즈에서는 현재 우리 어린이들이 가장 닮고 싶어하는 롤 모델을 만날 수 있습니다. 버락 오바마, 빌 게이츠, 조앤 롤링, 스티브 잡스 등 세상을 바꾼 사람들의 감동적인 이야기를 담은 〈who?〉 시리즈는 어린이들이 구체적인 목표를 설정하고 희망찬 비전을 세울 수 있도록 도와줄 친구이면서 안내자입니다. 〈who?〉 시리즈를 통하여 자신의 인생 모델을 찾고 미래 설계의 힘을 얻을 수 있습니다.

송인섭 숙명 여자 대학교 명예 교수

숙명 여자 대학교 명예 교수이자 한국영재교육학회 회장으로 자기주도학습 분야의 최고 권위자입니다. 한국교육심리연구회 회장, 한국교육평가학회장, 한국영재연구원 원장을 역임했습니다. 자기주도학습과 영재 교육의 이론을 실제 교육 현장에 적용하기 위해 노력하고 있습니다.

평생을 이끌어 줄
최고의 멘토를 만날 수 있는 책

　10대에 가장 중요한 것은 무엇일까요? 학과 공부와 입시일까요? 우리나라 최초의 국제회의 통역사로 30년 동안 활동하면서 글로벌 리더들을 만날 기회가 수없이 많았던 저는 대한민국의 초등학생들에게 특별한 조언을 해 주고 싶습니다. 그것은 큰 꿈을 가지는 것이 무엇보다 중요하다는 것입니다.

　꿈은 힘들고 지칠 때 나를 이끌어 주는 힘이고 내 인생의 주인이 되어 일어설 수 있게 하는 원동력이 되어 줍니다. 꿈이 있는 아이가 공부도 잘하고 결국 그 꿈을 실현할 수 있게 되는 것입니다. 저 역시 어린 시절 품었던 꿈이 지금의 자리에 있게 한 원동력이었습니다. 남들이 모르는 큰 꿈을 마음속에 간직하고 있었기에 괴롭고 힘들어도 포기하지 않고 다시 일어설 수 있었습니다.

　어린 시절 저에게도 힘들고 지칠 때마다 용기를 불어넣어 주고 힘이 되어 주었던 분들이 있었습니다. 지금의 자리로 저를 이끌어 준 멘토들처럼 〈who?〉 시리즈에서 여러분의 친구이자 형제, 선생이 되어 줄 멘토를 만날 수 있기를 바랍니다.

최정화 한국 외국어 대학교 교수

우리나라 최초의 국제회의 통역사로 현재 한국 외국어 대학교 통번역대학원 교수로 재직 중입니다. 세계 무대에서 자신의 꿈을 이룬 여성 신화의 주인공으로, 역시 세계에서 꿈을 펼치려고 하는 청소년들에게 멘토로서의 역할을 충실히 하고 있습니다. 저서로는 《외국어 내 아이도 잘할 수 있다》, 《외국어를 알면 세계가 좁다》, 《국제회의 통역사 되는 길》 등이 있습니다.

Mahatma
Gandhi

마하트마 간디

- 이름: 마하트마 간디
  (본명: 모한다스 카람찬드 간디)
- 생몰년: 1869~1948년
- 국적: 인도
- 직업·활동 분야: 변호사,
  인권 운동가
- 주요 업적: 스와데시
  운동, 사탸그라하 운동 등

소심한 소년 간디는 내성적인 성격 탓에 친구들과 어울리지 못하고 어머니와 보내는 시간이 많았습니다. 대학 시절 진로를 고민하던 그는 인도인을 위해 변호사가 되기로 하고 영국 유학을 떠나지요. 훗날 인도인의 인권을 대변하는 변호사로 성장한 간디는 인도 독립을 위해 비폭력 저항 운동을 스스로 실천합니다. 그는 어떻게 뿔뿔이 흩어진 인도인을 하나로 뭉쳐 독립을 이룰 수 있었을까요?

카람찬드 간디

간디의 아버지 카람찬드 간디는 배움은 없었으나 강한 리더십으로
라지코트의 수상의 자리까지 올랐습니다.
아버지는 소심한 간디를 항상 응원하고 잘못을 해도 믿어 주었어요.
간디에게 든든한 버팀목이 된 아버지는 그를 정직하고 성실함을 가질 수
있게 만들었답니다.

마틴 루서 킹

인종 차별이 심한 미국에서 태어난 마틴 루서 킹은 목사인 아버지의
가르침에 따라 정의를 실현하는 성직자를 꿈꿉니다. 인종 차별에 대항할
방법을 찾던 마틴은 비폭력 저항 운동으로 전 세계에 감동을 안겨 준
간디의 사탸그라하 운동을 받아들입니다.

들어가는 말

- 인종 차별과 식민 지배를 받는 인도인을 하나로 모아 독립을 이룬 마하트마 간디는
어떤 사람인지 알아봅시다.
- 마하트마 간디가 태어난 인도의 사회와 문화의 특징을 이해합니다.
- 인종 차별을 받는 유색인과 식민 지배를 받아온 국민을 위해 인권 운동을 펼친
사람들에 대해 탐구해 볼까요?

1 수줍음 많은 소년

*모한다스 카람찬드 간디는 1869년 인도 포르반다르에서 3남 1녀 중 막내로 태어났습니다.

응애

응애

간디의 할아버지는 포르반다르의 총리였고, 아버지는 훗날 라지코트 지역의 총리가 될 정도로 리더십이 있었습니다.

하지만 간디는 할아버지, 아버지와는 달리 소심하고 수줍음이 많았습니다. 그래서인지 조용한 성품의 어머니와 시간을 보내는 날이 많았습니다.

*마하트마 간디의 본명은 '모한다스 카람찬드 간디'이다.

어머니,
이제 그만 식사하세요.

모한다스,
기도가 끝나기 전에
음식을 먹을 수
없단다.
조금만 기다리거라.

간디의 어머니는 독실한
힌두교 신자였습니다.

힌두교는 인도의 전통 종교로,
많은 인도인이 힌두교를
믿었습니다.
힌두교의 신은 크게 브라흐마,
비슈누, 시바 등으로 나뉘는데,
간디의 집안은 그중에서
비슈누를 믿고 따랐습니다.

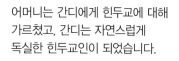
어머니는 간디에게 힌두교에 대해
가르쳤고, 간디는 자연스럽게
독실한 힌두교인이 되었습니다.

네, 어머니.
거짓말하지 않고,
착하게 살게요.

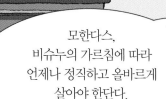
모한다스,
비슈누의 가르침에 따라
언제나 정직하고 올바르게
살아야 한단다.

간디가 여섯 살이 되던 해,
아버지 카람찬드가 라지코트의
총리를 맡게 되면서 가족이 모두
라지코트로 이사하게 되었습니다.

라지코트로 이사하게 되었다,
모한다스.

네, 아버지.

네가 아이들과 잘 어울리지
못하고, 어머니와 함께 다니는
것을 알고 있단다.

......

새로운 곳으로 이사하면
친구들도 사귀고 씩씩하게!
알지?

네, 아버지.
노력할게요.

라지코트의 초등학교에 입학한 간디는
아버지의 기대와는 달리 여전히
눈에 띄지 않는 학생으로 지냈습니다.

야, 전학 온 애 말이야.

간디 말이야?

좀 이상하지
않아?
난 쟤가 말을
하는 걸 거의
본 적이 없어.

하긴, 공부는 열심히 하는 것 같은데
성적이 좋은 것도 아니고.

그렇다고 운동을
잘하는 것도 아니고.

친구들은 간디를 이상한 눈으로 바라보았고,
간디는 그럴수록 더욱 외톨이가 되었습니다.

……

모한다스,
왜 그렇게 기운이 없니?

네? 아무것도
아니에요.

모한다스,
마을에 순회 연극단이
온 모양이다.
하리슈찬드라왕의
이야기인데 보러 갈까?

네!

〈하리슈찬드라〉는 진리를 탐구하는
하리슈찬드라왕의 이야기를 다룬
힌두교 신화였습니다.
하리슈찬드라왕은 진실을 증명하기
위해 자신의 왕국을 포함한 모든 것을
내 주었습니다.

오, 신이여! 자식 때문에 눈앞이 가려졌습니다.

이제 진리를 위해 저는 어떤 고난도 마다하지 않을 것입니다. 그것이 옳은 일이기 때문입니다!

간디는 진리를 지키기 위해 어떤 고난도 참아 내는 하리슈찬드라왕의 이야기를 보고, 크게 감동했습니다.

이야, 이얏!

뿡뿡

모한다스, 오늘 연극이 꽤 마음에 들었나 보구나.

네, 진실을 위해서라면 모든 것을 버려도 두려움이 없어야 해요!

그래, 그것이 비슈누의 뜻이기도 하지. 그 마음 잃지 말아라.

네!

그러던 어느 날, 영국인 장학사가 학교를 방문했습니다.
당시 인도는 영국의 *식민 지배 아래 있었기 때문에
인도 어린이들은 반드시 영어를 배워야 했습니다.

오늘은 영어 단어 시험을 보겠어요.
장학사님도 오셨으니,
모두 열심히 문제를 풀기 바랍니다.

자, 이제부터
불러 주는 단어를
영어로 쓰도록
하세요.

선생님은 간디가 틀린 철자를
쓰고 있는 것을 발견했습니다.

장학사에게 잘 보이고 싶었던 선생님은
간디에게 슬쩍 정답을 알려 주려 했습니다.

*식민 지배: 군사적으로 강한 국가가 약한 국가의 국권을 빼앗아 다스리는 것

선생님께서 정답을 알려 주는 것 같은데…….

어쩌지? 난 누구보다 진실하게 살고 싶다고……. 이건 옳지 않아.

절레

절레

장학사가 돌아간 뒤에 선생님은 간디를 야단쳤습니다.

간디! 선생님이 정답을 가르쳐 주었는데 어째서 답을 적지 않은 거냐?

선생님, 남의 것을 베끼는 건 옳지 않은 일이잖아요.

장학사가 어떻게 생각하겠니? 학교에서 영어를 제대로 가르치지 않는다고 생각할 것 아니냐?

선생님, 저는 장학사에게 잘 보이기 위해 남의 것을 베껴 쓰는 것보다 제 자신에게 정직하고 싶어요.

뭐, 뭐라고? 이런 고집불통을 보았나!

선생님께 꾸중은 들었지만 간디는 스스로 양심을 지킨 것에 만족했습니다. 그때, 한 가지 의문이 생겼습니다.

근데 왜 우리는 영어를 배우고 영국인 장학사에게 잘 보여야 하는 걸까?

20 마하트마 간디

이번 달부터 인도인이 장사하려면 세금을 두 배로 내야 한다!

그럼 우리 가족은 굶어 죽습니다.

그래서 세금을 안 내겠다는 거야?

그런 게 아니라, 금액이 너무……

장사를 계속하고 싶다면, 세금을 내란 말이다! 알아들어?

알겠습니다.

바보 같은 놈들……

저 영국 사람은 어째서 우리에게 함부로 하는 거지?

왜 인도 사람은 영국 사람에게 당당히 맞서지 못하는 거지?

간디는 평소 동네에서 가깝게 지내던 마흐타브 형에게 고민을 털어놨습니다.

형, 어째서 우리 인도인은 영국 사람에게 잘 보여야 해?

하하하. 너 진짜 모르는 거야?

영국이 인도를 식민 지배하고 있잖아. 그러니 당연히 영국인에게 잘 보여야지.

식민 지배?

그래, 지금 인도를 지배하고 있는 건 영국이야.

왜? 우리가 영국의 지배를 받는 건데?

영국인은 덩치가 크잖아. 다들 180센티미터가 넘어. 우리보다 힘도 세고.

왜 영국인은 우리보다 힘이 세고 덩치가 큰 거야?

그건 고기를 먹기 때문이야.

모든 생명체에는 영혼이 있다고 믿었던 대부분의 인도인은 고기를 먹는 대신 채소와 곡물로 끼니를 해결했습니다.

고, 고기?

모한다스, 너, 고기 먹어 볼래?

무슨 소리야? 난 힌두교 신자란 말이야. 그런데 어떻게 고기를 먹어?

멍청아! 그러니까 우리가 영국에게 지배를 당하지.

영국을 이기려면 고기를 먹어서 몸집을 키우고 힘을 길러야 해.

몰래 고기를 먹은 간디는 배가 불러 집에서는 밥을 거의 먹지 못했습니다.

모한다스, 어디 아프니? 요즘 밥을 거의 먹지 않는구나.

아, 아니에요. 입맛이 없어서요.

간디는 큰 고민에 빠졌습니다.

누구보다 진실하게 살고 싶었는데…… 어머니를 속이고 고기를 먹다니.

뭐 해? 더 안 먹어?

형, 난 이제 고기 안 먹을래.

뭐? 그게 무슨 소리야?

영국인을 이기려면 고기를 먹어야 한다니까?

하지만 더 이상 부모님을 속이고 고기를 먹을 수 없어. 이건 옳지 않아.

음…….

야! 그럼 너 담배 한번 피워 보지 않을래?

담배?

간디는 영국인들이 즐겨 피우는 담배에 대한 호기심을 억누르지 못하고, 마흐타브의 제안을 받아들였습니다.

한 번…… 피워 볼까?

히히. 자, 여기!

고기를 먹기 위해 만났던 두 사람은 이제 담배를 피우기 위해 만났습니다.

콜록콜록. 이거 왜 이렇게 어지러워.

참아. 모두 영국을 이기기 위해서야.

간디는 담배를 사기 위해 급기야 가족의 지갑에서 돈을 훔치기까지 했습니다.

그러던 어느 날, 아버지가 병에 걸려 자리에 앓아눕게 되었습니다.
간디는 병간호를 위해 아버지 곁을 지켰습니다.

모한다스,
왜 우는 거냐?

아버지가
아프시잖아요.

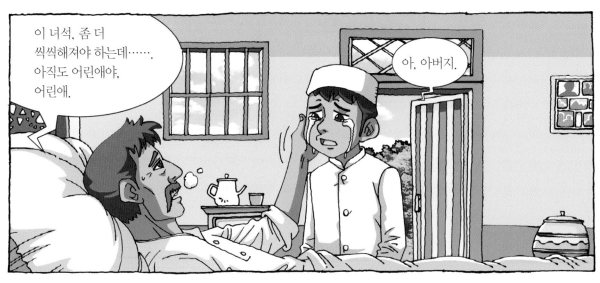

이 녀석, 좀 더
씩씩해져야 하는데……
아직도 어린애야,
어린애.

아, 아버지.

모한다스, 너의 순수하고 맑은 마음이
날 기쁘게 하는구나.
널 봐서라도 곧 일어날 테니 울지 마라.

병석에 누워 있는 아버지를 보며
간디는 양심의 가책을 느꼈습니다.

아, 아버지……
전 아버지가
생각하시는 것처럼
착한 아이가
아니에요.

간디는 그동안 자신이 잘못했던 일을 편지로
썼습니다. 고기를 먹은 일, 담배를 피운 일,
돈을 훔친 일까지 모두 적어 아버지께 드렸습니다.

죄송해요, 아버지.
이제 두 번 다시는 그러지 않을게요.
정말 잘못했어요.

모한다스, 나는 네가
씩씩하지 않아서
언제나 걱정했단다.
하지만 넌 나에게 잘못에
대해 용서를 구하는
용기를 보여 주었어.
네가 자랑스럽구나.

아, 아버지……

간디는 자신을 야단치지 않는 아버지의 모습에 감동받고 굳은 결심을 했습니다.

난 이제 오직 진실만을 이야기할 거야, 진실만을!

어느덧 간디는 열세 살이 되었습니다.

결혼이요?

이제 너도 결혼할 때가 되었다. 신부는 아버지와 내가 정해 놓았으니 곧 혼례를 치르자꾸나.

당시 인도에는 어린 나이에 결혼하는 조혼 풍습이 있었습니다. 간디는 동갑내기인 카스토르바이와 결혼식을 올렸습니다. 카스토르바이는 그로부터 62년간 간디의 반려자가 되어 주었습니다.

간디의 성공 열쇠

마하트마 간디. '마하트마'는 위대한 영혼이라는 뜻입니다.

간디의 본명은 '모한다스 카람찬드 간디'입니다. '마하트마'는 위대한 영혼이라는 뜻으로 인도의 정신적 지도자인 그에게 붙은 새로운 이름이지요.

간디는 인도 건국의 아버지로서, 우리나라로 치면 백범 김구와 비슷한 인물이에요. 세계에서 유일하게 비폭력 저항 운동을 이끌었고, 많은 종교로 인해 뿔뿔이 흩어진 인도를 하나의 힘으로 이끈 민족 지도자였습니다. 그런데 이렇게 위대한 인물인 간디가 어릴 적에는 소심하고 겁이 많은 소년이었으며, 변호사를 하던 시절에는 법정에서 변호는커녕 쑥스러워서 말 한마디도 하지 못하는 사람이었다는 것이 믿겨지나요? 지금부터 소심한 소년 간디가 어떻게 인도의 영웅으로 다시 태어나게 되었는지 알아봅시다.

하나 양심

델리에 있는 간디의 묘 © Tim (Timothy) Pearce

간디는 평생 자신이 세운 판단 기준에 거스르지 않고 양심에 따라 행동한 사람입니다. 어느 날 학교에서 영국 장학사가 참관한 가운데 영어 단어 시험을 보았는데, 간디가 제대로 답을 쓰지 못하자 선생님이 몰래 답을 알려 줍니다. 하지만 그렇게 알게 된 답을 쓰는 것은 자신의 양심이 허락하지 않는 일이었기에 간디는 정답을 알고도 일부러 틀린 답을 그대로 써냈습니다. 또 어린 시절 동네 형과 고기를 먹고 담배를 피우는 등 방황하기도 했지만, 아버지께 솔직하게 이야기하고 용서를 구했지요.

이렇게 성장한 간디는 그 뒤로도 평생 자신의 양심에 따라 행동하려고 노력했습니다. 양심의 힘으로 간디는 차별에 저항할 용기를 낼 수 있었던 것입니다.

둘 검소함

영국 유학 시절, 간디는 유학에 드는 비용을 아끼기 위해 웬만한 거리는 모두 걸어 다녔습니다. 유학을 마치고 남아프리카에서 변호사 생활을 할 때도 간디는 경제적으로 여유가 있었지만, 가난으로 고통받는 동포를 위해 인도인이 자급자족할 수 있는 공동체를 만들었지요.
간디는 이곳에서 솔선수범하여 옷을 만들어 입었고, 이 공동체는 간디가 인도로 돌아간 뒤에도 그의 가르침을 계속 이어갔습니다.
이렇듯 간디의 생활 태도는 검소함 그 자체로도 본받을 만하지만, 인도인 스스로가 영국의 지배에서 벗어나 자급자족할 방법을 몸소 보여 주었다는 점에서 의의가 있습니다.

물레를 돌려 직접 옷감을 짜는 간디. 자신의 옷을 직접 만들어 입었습니다.

who? 지식사전

간디와 물레

간디가 사용했던 물레
© Jigar Brahmbhatt

간디가 물레를 돌려 옷을 만들어 입은 것은 영국 물건을 사지 말고 국산품을 애용하자는 뜻이 담긴 행동이었습니다. 영국에서 만든 상품을 구매하지 않음으로써 영국의 지배에서 벗어나 인도인이 자급자족할 수 있는 토대를 마련하고 그와 더불어 인도의 산업을 다시 살리고자 하는 것이 간디가 펼쳤던 국산품 애용 운동입니다. 이러한 국산품 애용 운동은 '스와데시'라는 이름으로 불렸는데, 스와데시는 간디의 인도 독립운동의 한 축을 이루는 중요한 운동이었습니다.

셋 행동력

간디는 자신의 신념과 용기를 실천으로 옮기는 데 조금도 주저하지 않았습니다. 만약 간디가 그럴싸한 말만 앞세운 채 행동은 하지 않았다면 지금까지 추앙받는 민족 지도자가 되지 못했을 것입니다.

'소금 행진'은 영국이 인도의 소금 산업을 지배하여 부당한 이득을 취하고 있었기 때문에 그에 항의하고 인도인의 소금 생산을 허용해 달라는 취지로 시작한 행진입니다.

이 행진에서 간디는 400킬로미터를 걸어 도착한 단디 해안에서 소금을 만들어 먹는 행사를 펼쳤습니다. 그런데 그때 간디는 이미 60세가 넘은 노인이었습니다. 게다가 단디 해안까지의 길은 걸어가다가 사망하지 않을까 걱정할 정도로 험난하기만 했지요. 기필코 성공해 낸 간디의 행동력은 인도인에게 큰 감동을 주어 그 뒤로도 인도 전역에서 소금법 저항 운동이 일어날 수 있는 발판이 되었습니다.

소금 행진 외에도 간디는 남아프리카에서 아시아인 등록법에 반대하여 트란스발 국경(남아프리카 공화국의 발강 주변)을 직접 넘어가는 등 각종 부당한 영국 정책에 대한 저항에 앞장섰습니다.

샌프란시스코 페리빌딩에 세워진 간디의 동상
ⓒ Yves Remedios

인도 델리의 간디 기념 박물관에 있는 간디의 발자국. 간디가 암살당하기 전에 걸었던 경로를 발자국으로 표시했습니다. ⓒ Yves Remedios

넷 포용심

인도에는 카스트 제도라는 것이 있습니다. 그것은 사람이 태어날 때부터 계급을 나누어 구분 짓고, 그 신분에 따라 차별하는 것입니다. 바로 이 카스트 제도 때문에 인도인은 영국의 식민 지배를 받고 있으면서도 쉽게 하나로 뭉치지 못했습니다. 게다가 인도는 종교에 따라서도 갈라져 있었는데, 그중에서도 힌두교와 이슬람교는 끊임없이 대립했습니다.

간디는 인도인이 분열되어 있는 것이 옳지 않다고
여겼고, 자신이 만든 자급자족 공동체인 아슈람에
불가촉천민(가장 낮은 신분의 사람)을 데려와 차별
없이 대했습니다.
또 간디는 항상 힌두교와 이슬람교의 화합을
소망했습니다. 하지만 이러한 바람은 당시 상황에서
무척 위험한 생각이었습니다. 실제로 간디는
이슬람교와 화합해야 한다는 그의 주장을 이해하지
못한 힌두교 신자에 의해 암살당했기 때문이지요.
그러나 그가 남긴 업적과 마음가짐은 인도인을
감동시켰고, 인도가 독립한 뒤에도 이슬람 국가인
파키스탄으로 넘어가지 않은 이슬람교도가 1억 2천만
명이나 된다고 합니다. 또 힌두교도와 인도에 남은
이슬람교도는 간디의 정신을 이어받아 다른 종교와
화합하며 지내고 있지요.
간디를 비롯한 거듭된 사회 투쟁은 1947년, 카스트
제도의 폐지를 이루었습니다.

런던 타비스톡 광장에 세워진 간디의 좌상
ⓒ Stu's Images

who? 지식사전

인도의 세습적 계급 제도, 카스트 제도

카스트 제도는 인도의 신분 제도예요. 인도인은 신분에 따라 결혼이나 직업, 식사 등 일상생활에서 엄격히 규제받았습니다.
계급은 크게 브라만(성직자, 승려), 크샤트리아(군인, 경찰관), 바이샤(상인, 수공업자), 수드라(농민)의 네 계급으로 나뉘었는데,
이 네 계급에도 속하지 못하는 최하층은 '접촉할 수 없는 천민'이라는 뜻의 '불가촉천민'이라고 했지요.
카스트는 포르투갈어 '카스타'를 영어로 옮기는 과정에서 생긴 말로 본래 인도에서는 바르나라고 불렀습니다.
'바르나'는 색이라는 뜻인데, 고대 인도에 침입한 아리아인이 유색 인종인 인도 원주민을 정복하고, 피부색에 따라 차별한
것에서부터 계급 제도가 시작되었습니다.
현재 카스트 제도는 인도에서 법적으로 금지되었지만, 여전히 사회 관습으로 남아 있어 인도의 큰 문젯거리로 존재하고
있답니다.

2 영국 유학을 가다

열여덟 살이 된 간디는 고등학교를 졸업하고 앞으로 자신이 무엇을 하며 살아갈 것인가에 대해 고민했습니다.

모한다스, 무슨 고민 있니?

장래에 대해 고민하고 있었어.

혹시 영국에 가서 법을 배우고 오면 어떨 것 같니?

영국 법? 왜 그걸 배워야 해?

지금 우리는 영국의 지배를 받고 있잖아. 영국인은 그들의 법으로 인도를 지배하는데 우리는 그 법을 몰라서 많은 차별을 당하고 있지.

그러니 우리도 영국 법을 알아야 해. 네가 영국 법을 배우고 와서 차별받는 인도인을 도와주는 게 좋겠구나.

영국 법이라 …….

한때 힘없이 당하기만 하는 게 싫어서 영국인처럼 고기를 먹고 담배를 피운 적이 있었어. 하지만 그런다고 변한 건 없었지.

그래, 영국으로 가자! 영국 법을 배우고 변호사가 돼서 인도를 위해 봉사하는 거야.

형 말이 옳아. 열심히 공부해서 변호사가 되겠어. 변호사가 되면 인도인을 위해, 인도의 독립을 위해 일해야지!

간디는 자신의 결심을 어머니에게 말했습니다.

난 반대다!

왜요? 어머니.

힌두교인이
인도를 떠나는 건
위험한 일이야.
영국인들은 술과 고기,
담배를 입에서
떼지 않는다고 들었다.

우리와 다른 방식으로 사는
그런 사람들과 어울리는 것은
올바른 힌두교인의
모습이 아니야.

어머니, 저는 영국에
놀러 가는 게 아니에요.
공부하기 위해 가는
거라고요.

어머니가 걱정하시는
술과 고기, 담배는 입에도
대지 않을게요. 맹세합니다.

그렇지만
너를 멀리
떨어진 곳에
보내면…….

어머니,
걱정하지 마세요.
어떤 경우라도
힌두교도로서
계율을 지키고,
인도인으로서의
자부심을
잊지 않을게요.

……

간디가 영국으로 법률 공부를 하러 떠난다는 소식이 알려지자 라지코트의 상인들이 간디의 집으로 몰려왔습니다.

여러분이 걱정하는 그런 일은 없을 거예요. 전 영국에서도 힌두교를 버리지 않을 겁니다.

모한다스, 영국에 가면 넌 타락할 것이고, 힌두교인의 영혼에 먹칠을 하겠지.

끝까지 고집을 피워 영국으로 떠나겠다면, 바이샤 계급에서 널 제명해 버리겠다. 타락할 것이 뻔한 너를 우리 계급에 둘 수 없어!

인도에는 카스트 제도가 있었는데, 이는 태어날 때부터 사람을 계급으로 나누는 것이었습니다.
가장 높은 계급이 브라만(성직자), 그다음이 크샤트리아(군인, 경찰관), 세 번째가 간디가 속한 바이샤(상인),
네 번째가 수드라(농민, 노동자)였습니다. 그리고 이 네 계급에조차 속하지 못하는 *불가촉천민이 있었습니다.

에헴!

얍!

이 물건은……

영차!

수드라

브라만

← 크샤트리아

바이샤

불가촉천민 →

*불가촉천민: '접촉할 수 없는 천민'을 일컫는 말

하지만 간디는 계급이 사라진다는 위협에도 영국 유학의 고집을 꺾지 않았습니다.

그렇다고 해도 전 영국으로 유학을 갈 겁니다.

뭐, 뭐라고?

이런 괘씸한 놈을 봤나!

약속하겠습니다. 전 영국에 가서도 술과 담배, 고기를 멀리하고 힌두교인으로서 자부심을 품고 지내겠습니다.

말로는 누가 못 해?

계급에서 제외된다면 넌 불가촉천민과 다를 바 없어!

인도에서의 가장 높은 계급도 결국 영국 식민 지배 아래서는 노예나 마찬가지야. 이런 상황에서 계급도 의미가 없어.

결국, 간디는 바이샤 계급에서
제명당하고 영국 유학길에 올랐습니다.

괜찮아.
오히려 계급에 관해 나한테
이래라저래라 간섭 못할 테니,
잘됐어. 이제 난 자유인이야.

간디는 영국의 하숙집에 도착해 짐을
풀고 본격적으로 영국 생활을 했습니다.
간디는 신께 영국에서의 무사 안녕을
기원했습니다.

이 낯익은 풍경은 뭐지?

놀라지 마.
난 같은 방을 쓸 친구니까.
나도 인도에서 왔어.

만나서 반가워.

그런데
너 뭐 하는 거야?

어머니와 약속을
지키는 중이야.
영국에서도
힌두교도로서
율법을 지키며
살겠다고 맹세하고
왔거든.

여긴 영국이야.
영국에 왔으면 영국인답게
살아야지.

왜 그래야
하지?

생각해 봐. 인도는 영국의 식민지잖아.
그러니 우리도 영국인이거든.

이봐, 우린
인도인이야.

음....... 하지만 네 말에도 일리가 있네. 나도 영국인처럼 살아 봐야겠어.

좋은 생각이야.

하지만 너와 같은 이유는 아니야.

그럼?

영국의 문화를 받아들여서 이들이 왜 인도를 식민 지배하는지, 그 힘의 원천이 무엇인지 알아내야겠어.

그래야 내가 인도의 힘을 키우는 데 이바지할 것 아냐?

오호, 그런 기특한 생각을 하셨어? 너 제법 생각이 있는 녀석이구나.

우선 영국 신사처럼 옷부터 바꿔 입어야겠다.

간디는 영국 신사처럼 양복을 맞춰 입고,

이 정도면 나도 제법 영국 신사 같은데?

영국 신사들이 사교 언어로 사용하는 프랑스어도 배웠습니다.

즈 느 쎄 빠(Je ne sais pas)는 '잘 모르겠다'는 뜻입니다.

즈 느 세 빠~

교양을 쌓고자 바이올린과 사교춤도 배웠습니다.

왈츠라는 춤인데, 영국인들이 사교 모임에서 가끔 춰.

생각보다 어려운데?

발을 밟지 않도록 조심해.

아, 미안……

영국 신사가 되기 위해 이것저것 배우다 보니 많은 돈이 들었습니다. 간디는 차비를 아끼기 위해 걸어 다녔고, 덕분에 런던 지리를 세세히 익힐 수 있었습니다. 나중에는 외국 유학생을 위해 런던 지리 안내 책자를 만들 정도가 되었습니다.

그리고 식당에서 비싼 밥을 사 먹는 대신 집에서 음식을 직접 만들어 먹었습니다.

소금이 다 떨어졌네? 음식 만들기 전에 소금을 먼저 사 와야겠군.

이럴 수가! 소금이 이렇게 싸다니!

인도에서나 영국에서나 소금은 없어서는 안 돼. 하지만 영국에선 이렇게 싼데, 왜 인도에서는 그렇게 비싼 가격에 팔리고 있는 걸까?

한편, 대학 식당에서 간디는 인기 스타였습니다. 이유는 고기 때문이었습니다.

간디, 넌 고기 안 먹으니까 내가 먹을게.

어, 그래.

아니, 저 녀석한테 간디의 고기반찬을 빼앗기다니!

간디, 다음에는 나한테 줘. 미리 예약할게.

하하하, 알았어.

힌두교 율법을 깨지 않는 선에서 영국 신사가 되고자 노력한 간디는 채식을 고집했고, 집에 돌아오면 힌두교 경전인 《바가바드기타》를 읽었습니다.

간디, 이것도 읽어 봐.

이게 뭐야?

《성경》이야. 기독교의 경전이지.

기독교라고? 하지만 난 힌두교를 믿는데?

영국인들은 거의 기독교를 믿으니까. 영국을 이해하려면 알아 두는 게 좋아.

간디는 《성경》을 탐독하여 깨달음을 얻었습니다.

위대한 가르침이야. 하지만…….

간디는 힌두교와 함께 세상의 여러 종교에 관해 공부했습니다. 그리고 인간은 모두가 평등하다는 것, 폭력이 아닌 사랑으로 타인을 대해야 한다는 것을 깨달았습니다.

《성경》을 읽은 느낌이 어때?

좋은 가르침이었어. 하지만 의문이 생겼어.

뭔데?

힌두교나 기독교나 모두 위대한 가르침이고, 그 가르침은 서로 통하는 바가 보여.

그래? 그런가?

그런데 왜 영국은 강해지고, 인도는 영국의 지배를 받게 되었을까? 종교적 가르침은 같은데 말이야.

글쎄 ······.

그동안 내가 잘못 생각했던 것 같아.

뭘?

영국인처럼 옷을 입고 교양을 쌓으면 영국 신사가 될 거라고 생각했거든.

그래, 영국 신사가 되려고 많은 노력을 했지.

하지만 양복을 사거나 사교춤을 배우는 건 인도에서도 할 수 있어.

그래서?

나는 학생이야. 나에게 주어진 공부를 열심히 하고 인격을 쌓아야 한다는 생각을 하지 못하고 있었어.

간디는 영국 신사가 되기 위해 겉모습에만 치중했던 자신을 반성했습니다.
그리고 영국 법을 공부하여 변호사가 되어 차별받는 인도를 위해 봉사하자는 다짐을 되새겼습니다.

난 인도인으로서 인도인답게 공부할 거야. 더 이상 프랑스어도 사교 춤도, 바이올린도 배우지 않겠어.

열심히 공부할 거야.
영국 법을 공부하고,
변호사가 되기 위해
노력하겠어!

간디는 그 뒤 영국 신사의
삶을 포기하고 열심히 영국 법을
공부했습니다.

그리고 영국에 온 지
3년 만에 변호사가 되었습니다.
간디는 부푼 꿈을 안고
고향 인도로 향했습니다.

이제 차별받는
인도인들을
도와줄 수 있어.

영국 유학을 가다 **49**

간디의 나라, 인도

하나 　인더스 문명의 발상지

인더스 문명의 유적지인 모헨조다로.
파키스탄 펀자브에 있습니다. © Comrogues

인도는 세계 4대 문명 중의 하나인 인더스 문명의
발상지입니다. 인더스는 '강'이라는 뜻으로, 나라
이름인 인도의 어원이기도 하지요.

인더스 문명은 기원전 약 2500년부터 기원전
1500년까지 지속되었어요. 인더스 문명을 일으킨
종족이 어떤 종족인지는 밝혀지지 않았지만, 이들은
계획도시를 세웠으며, 공중목욕탕과 벽돌을 쌓아 단단한
주택을 짓고, 잘 발달된 도로와 현대 시설과 비교해도
손색없는 하수구를 건설했습니다. 그러나 기원전 1500~
기원전 1200년경 인더스 문명은 아리아인의 침입을 받아
멸망했답니다.

둘 　인도의 역사

인도 이슬람 건축을 대표하는 걸작인 타지마할.
무굴 제국의 제5대 황제 샤자한이 사랑하는 아내를
위해 만들었습니다.

아리인들은 갠지스강 유역에 정착해 도시를
건설하며 오늘날의 델리 근처를 중심으로 세력을
형성해 나갔습니다. 이 시기에 아리아인의 베다
신앙에서 '힌두교'가 탄생하였고, 산스크리트어가 발전해
이후 2000여 년 동안 인도의 공용어로 사용했지요.
북부 인도는 찬드라 굽타(기원전 321~기원전
185년경)의 통치 아래 최초의 힌두 왕조인 '마우리아
왕조'로 통합되었고, 그 손자인 아소카왕이 불교를
장려하고 크게 발전시켜 오늘날의 인도의 토대를
마련했습니다. 인도는 마우리아 왕조의 붕괴 이후
수많은 소왕국이 난립했다가 굽타 왕조(320~480년)

시대에 다시 통일되었습니다.

남부 인도에서도 이슬람계 바만 왕조(1347년)가 1527년까지 명맥을 유지했으며 이와 함께 힌두 왕국인 비자야나가르 제국(1336~1556년)이 인도의 남부 지방을 양분하며 통치했습니다.

1498년, 바스코 다 가마의 인도 여행을 기점으로 포르투갈이 인도와 유럽 사이의 무역을 독점하다가 17세기부터 같은 목적을 가진 영국 · 프랑스 · 네덜란드 간에 경쟁 관계가 형성되었습니다.

1526년에는 바부르가 세운 이슬람계 왕조인 무굴 제국이 인도 전역을 지배하며 최고의 번영을 누렸으나 힌두인을 차별하는 무굴 제국에 저항한 마라타 왕국이 17세기말 세력을 뻗치면서 위협받기 시작했습니다.

그동안 영향력을 키워 온 영국 동인도 회사는 차츰 경쟁 관계에 있던 다른 식민 세력들을 몰아내고 혼란한 틈을 타 1757년에 무굴 제국을, 1818년에는 마라타 왕국을 정복한 후 인도를 통치했습니다. 영국 동인도 회사를 통한 지배는 1858년부터 영국 정부가 인도를 직접 통치하는 형태로 바뀌었습니다.

간다라 미술 불상. 인도 북서부 간다라 지방에서 그리스 · 로마 풍의 불교 미술 양식이 발달했습니다.

who? 지식사전

세계의 문명

이집트 피라미드. 돌로 쌓아 만든 사각뿔 모양의 거대한 건조물입니다.
© Ricardo Liberato

· **이집트 문명**: 나일강 하류에서 발달한 문명으로 기원전 3200년부터 약 3천 년 동안 지속되었으며, 피라미드를 건설하는 등 눈부신 문명을 이루었습니다.
· **황허 문명**: 기원전 5000~기원전 3000년경 중국 황허강 유역에서 발생한 고대 문명으로, 신석기를 거쳐 중국 최초 왕조인 은나라를 성립시켰습니다.
· **메소포타미아 문명**: 기원전 3000년경, 오늘날의 이라크 지방인 티그리스강과 유프라테스강 유역에서 발생한 문명으로, 유대교, 기독교, 이슬람교의 뿌리가 된 문명입니다.
위의 세 문명과 인더스 문명을 합쳐 '세계 4대 문명'이라고 합니다.

셋 간디가 살았던 시대의 인도

런던에 있던 영국 동인도
회사의 본사

간디는 인도가 영국의 식민 지배를
받고 있던 때에 태어났습니다.
당시 영국은 인도 어린이에게
영국의 왕실을 섬기게 하고 대영
제국의 일원이 된 것을 자랑스럽게
생각하라고 가르쳤습니다. 이런
영향을 받은 간디는 실제로
남아프리카에서 영국인이 인도인을 차별하는 것을 본 뒤에
영국에서 그것을 바로잡아 줄 것이라 믿고 영국 정치인을
만나 사정을 호소한 일도 있었습니다. 그러나 간디가 어릴
때 받았던 것은 식민 교육이었습니다. 영국은 인도의 경제와
노동력을 착취하기 위한 수단으로서의 교육을 한 것입니다.
다시 말해, 영국은 인도인을 낮은 임금으로 고용해 노동력을
착취하고 동인도 회사를 설립하여 인도와 불공정 무역을 해
나간 것입니다. 동인도 회사가 해체된 뒤에는 영국령 인도
제국을 건국해서 인도를 철저히 감시하고 통제했습니다.

빅토리아 영국 여왕. 동인도 회사를 해체시킨
후 인도를 직접 통치했습니다.

who? 지식사전

세포이 항쟁. '세포이'는 동인도 회사에
고용된 인도 병사를 가리키는 말로, 인도의
종교인 힌두교를 무시하는 영국군에 대항
하여 세포이가 일으킨 항쟁입니다.

인도를 지배한 영국 동인도 회사

영국 동인도 회사는 동인도 해역에서 모직물과 향료를 독점적으로 무역할 목적으로
세워진 영국의 민간 회사입니다. 동인도 해역의 무역을 위해 회사를 설립한 나라는
영국 말고도 많았습니다. 처음에 영국 동인도 회사는 순수하게 인도와의 무역을
통해 이익을 추구했지만, 프랑스와 경쟁하면서 세력을 강화하기 위해 인도인 용병
세포이를 배치하는 등 군사적으로 힘을 키웠습니다. 영국 동인도 회사는 점점
정치적 목적을 가지고 인도 정부를 압박하다 세포이의 항쟁이 일어났고, 그 책임을
물어 영국 정부는 1876년 동인도 회사를 해산시켰습니다. 그 뒤로 영국의 인도
식민 통치 시대가 본격적으로 열리게 되었습니다.

인도인은 높은 세금을 내면서도 영국인의 부당한 차별을 견뎌야 했습니다.

아시아에서도 손꼽히는 경제 도시, 인도의 뭄바이
ⓒ Jeet221990

오늘날의 인도

1947년 영국의 지배에서 벗어난 인도는 현재 경제 기반이 높은 수준에 도달한 '신흥 공업국'으로 분류됩니다. 국토 면적이 세계에서 일곱 번째로 넓고, 인구도 12억이 넘어 중국에 이어 다음으로 영향력이 큰 나라이지요.
또 핵보유국이자 세계에서 손에 꼽히는 군사력으로도 유명합니다.
인도는 다양한 민족과 인종이 사는 다문화 사회로, 종교와 영화, 요리 등의 문화가 발전했지만 여전히 빈곤, 문맹, 부족한 공중 보건 등의 문제를 겪고 있어 문제 해결이 필요한 실정입니다.

인도의 국기. 주황색은 용기와 희생, 흰색은 순수와 평화, 녹색은 성실과 다산을 의미합니다.

인도는?

정식 명칭	인도 공화국(Republic of India)	종교	힌두교(80.5%), 이슬람교(13.4%), 기독교, 불교, 자이나교 등
면적	3,287,263㎢(한반도의 15배)	공용어	힌디어, 영어
기후	열대 몬순(계절풍), 온대 기후, 고산 기후(북부) 등 다양	위치	남부아시아
인구	12억 6,000만 명(2016년 7월 CIA 결과)	수도	뉴델리
주요 도시	뉴델리, 뭄바이, 콜카타, 첸나이, 하이데라바드	화폐 단위	루피
민족	인도아리아족(72%), 드라비다족(25%), 기타(3%)	정부 형태	의원 내각제

3 인권 운동의 시작

1891년, 인도로 돌아온 스물두 살의 간디는
대도시인 뭄바이에 자신의 꿈을 담은
변호사 사무실을 개업했습니다.

얼마 뒤 간디는 첫 사건을 의뢰받고,
법정에서 변호를 하게 되었습니다.

변호인,
변론하십시오.

아, 네.
판사님…….

첫 재판에서 간디는 아무 말도 하지 못했습니다. 막상 법정의 많은 사람 앞에서 변호하려니 너무 긴장했던 것입니다.

간디는 변호사로서의 역할을 제대로 하지 못한 자신이 창피하여 고개를 들 수가 없었습니다.

이래서 누구의 변호를 맡을 수 있단 말인가? 나는 변호사로서의 자격이 없어.

그 뒤로, 간디에게 변호를 맡기러 오는 사람은 없었습니다.

GANDHI LAWYER'S office

하지만 간디는 포기하지 않았습니다.

나라도 나 같은 변호사는 찾지 않을 거야. 하지만 계속 이러고 있을 수만은 없어.

변호사 간디

낯선 곳에서 힘든 유학 생활도 이겨 냈는데, 포기하지 말자!

즈느 쎄 빠

간디는 문제점을 해결하기 위해 다른 변호사들의 재판을 방청하며 변호사로서의 역할을 연구했습니다.

판사님, 이와 같은 이유로 피고인은 무죄입니다.

간디는 재판을 연구하며 서서히 자신감을 회복했습니다.

그래, 나도 저렇게 변호할 수 있어!

그러던 어느 날, 간디의 형이 변호사 사무실로 찾아왔습니다.

간디, 오랜만이구나.

형, 어쩐 일이야?

남아프리카에서 회사를 경영하는 우리 동포에게 편지가 왔는데, 회사 재판 문제로 영국 법을 잘 아는 변호사가 필요하대.

그럼 내가 가서 우리 동포를 도와야지!

당시 남아프리카에는 인도인 7만 5천여 명이 영국인 소유의 커피, 차 농장 등에서 낮은 임금을 받으며 일하고 있었습니다. 또한, 그들은 밤에 거리를 다니는 일조차 금지될 정도로 심한 인종 차별을 겪고 있었습니다.

간디가 탄 배는 한 달 가까이 운항하여 남아프리카의 더반에 도착했습니다.

아야!

이 인도 촌놈아,
눈을 어디다
두고 다니는 거야?

아니, 뒤에서 친 사람이
누군데…….

모한다스 카람찬드 간디 변호사님이십니까?

네, 제가 간디입니다.

반갑습니다. 전 다다 압둘라입니다. 이번 *송사에 휘말린 회사 사장이지요. 표정이 좋지 않은 걸 보니, 뭔가 나쁜 일을 당하신 모양입니다.

좀 전에 백인 한 명이 인도인을 치고 지나가면서 오히려 화를 내지 뭡니까?

압둘라는 간디의 말을 듣고 잠시 생각에 잠겼습니다.

음……

변호사님, 이곳의 인종 차별은 꽤 심각한 편입니다.

지금부터 변호사님도 각오하시는 게 좋을 겁니다.

각오 하라고요?

*송사: 재판에 의하여 원고와 피고 사이의 권리나 의무 따위의 법률 관계를 확정해 줄 것을 요구하는 것

재판을 위해 더반 법정에 출석한 날부터 간디는 인종 차별을 겪어야 했습니다.

변호인, 머리에 두른 건 뭐요? 당장 벗으시오!

아, 이건 '터번'이라고 하는 인도의 전통 모자입니다. 실내에서 쓰고 있어도 예의에 어긋나지 않는 것입니다.

그래도 벗으시오. 여긴 인도가 아니라, 남아프리카란 말이오.

아니, 저기 저 신사분들도 모자를 쓰고 있는데 저는 왜 안 된다는 겁니까?

쓸데없는 소리 하려면 당장 여기서 나가시오!

저 역시 이런 분위기에서는 재판을 못 하겠습니다.

엇, 변호사님!

변호사님!

아, 죄송합니다.
제가 이렇게 행동한다고 해서
재판이 무효가 되는 것은 아니니,
걱정 마세요.

아, 네.
전 변호사님을
믿습니다.

쫓아 나온 건 다름이 아니라,
회사 일 때문에 *프리토리아로
가 주실 수 있나 여쭤 보려고요.

프리토리아라면
여기서 꽤 먼 곳이
아닙니까?

여기서 700킬로미터 떨어져 있죠.
기차표는 일등실로
끊어 드리겠습니다.

* 프리토리아: 남아프리카 공화국의 수도

더반에서 프리토리아로 가려면
무려 나흘이나 기차를 타고 가야 했습니다.

인도인과
같은 칸이잖아!

백인은 기차가 출발하고 얼마 뒤
승무원을 데리고 왔습니다.

보시오,
내 말이
맞지요?

조치를
취하겠습니다.

무슨 일이시죠?

이보시오,
당신은 화물칸으로
자리를
옮겨야겠소.

일등실 표를
가지고 있는데,
왜 그래야 하죠?

당신이 무슨 표를 가지고
있는지는 전혀 상관이 없소.
일등실에 당신 같은 유색 인종을
태울 수는 없단 말이오.

그런 말도
안 되는 이유로
화물칸에 가라는
겁니까?

이 멍청한 인도 놈이
말로 하니까
못 알아듣는군.
본때를 보여 줘야
정신 차리나!

이보시오,
이거 놓으시오.

기차가 다음 역에 도착하자
승무원은 강제로 간디를
기차 밖으로 내팽개쳤습니다.

아이코!

화물칸으로 가기 싫으면
여기서 내려,
이 인도 촌놈아!

FIRST CLASS

기차를 타고 있던 백인들이 기차에서 쫓겨난 간디를 비웃었습니다.

FIRST CLASS

도대체 왜 백인들이 우릴 이렇게 차별하는 거지? 이렇게 차별받을 바에야 차라리 인도로 돌아가는 게 낫겠어.

불 꺼진 대기실에서 간디는 힘들게 살아가는 인도인을 생각하며 내내 고심했습니다. 그리고 마침내 결심했습니다.

그래, 내가 받은 차별은 다른 인도인이 여기서 받는 차별에 비하면 아무것도 아닐 거야. 이 정도도 못 견디고 인도로 도망치는 건 비겁해.

다음 날 간디는 프리토리아로 가기 위해 마차표를 샀습니다.

여기 표 있습니다. 이 마차가 맞지요?

흥

간디는 프리토리아로 가야 했기에 참을 수밖에 없었습니다.

휴식을 위해 마차가 멈췄을 때였습니다.

이봐, 촌놈. 이제부터 저 아래에 앉아서 가.

마부가 앉으라고 한 곳은 더러운 발판이었습니다.

이제 더 이상 못 참겠소! 난 엄연히 좌석표가 있으니, 좌석에 앉아서 가야겠소.

이놈이 미쳤나?
문에서 손 안 떼?

간디는 폭력에 맞서는 대신 마차 문을
더 꽉 움켜잡았습니다.

내 자리를
찾게 해 주시오!

당장 그 손 놓지 못해?
이 더러운 인도 놈아!

그만해요!
저분 말이 맞아요.
좌석표가 있으니,
안으로 들어오세요.

하지만 부인,
이 녀석은
인도인입니다.

그래서요? 저분이 가지고 있는 표에
유색 인종은 좌석에 앉을 수 없다고
적혀 있기라도 한가요?

마차 안에 있던 한 부인의 도움으로
간디는 마차 안 좌석에 앉아 갈 수
있었습니다.
그러나 이런 경험들은 간디에게
우울하고 끔찍한 기억으로 남았습니다.

도대체 뭘 하고 있는 거냐?
그런 순간에도 내 자리를 찾게
해달라고 애원이나 하다니…….

당장 그 손 놓지 못해?
이 더러운 인도 놈아!

내 자리를
찾게 해 주시오!

그땐 싸워야 했어.
당당히 맞서
싸웠어야 했다고!

말로는 쉽지만,
누가 먼저 나서 줘야
뭉치든가 말든가 하죠.

그래요?
그럼 내가
나서겠습니다.
내 뒤를
따라와 주세요.

간디는 압둘라 회사의 일이 어느 정도 해결된
뒤에도 남아프리카에 남기로 결심했습니다.
그는 더 이상 법정에서 말 한마디 못하던
수줍음 많은 청년이 아니었습니다.

지금까진 계약에 의해
회사 일을 돌봐 주었다면,
지금부터는 양심에
의해 우리 동포를
위해 일하겠어.

간디는 인도에 있던 가족을
남아프리카로 불러들였습니다.

우리나라에 대한 문제를
해결하기 전까지는 인도로 돌아가지
않을 생각이오.

여보,
남아프리카에서 계속
살 건가요?

또 '인도 국민 회의'라는 단체를 만들어 인도인의 권익을 보호하고 대변했습니다.

이제부터 조직적으로 인종 차별에 대항해 봅시다.

간디의 이런 움직임은 백인을 분노하게 만들었습니다. 백인들은 간디의 집에 몰려가 돌을 던지는 등 가족을 위협했습니다.

간디, 이 인도 촌놈! 가만두지 않겠다.

네 집도 다 부수겠어!

간디는 두려웠지만, 옳은 일을 해야 한다고 믿었습니다. 그는 돌 세례가 쏟아지는 집에서 인도인이 받는 차별과 백인 사회의 부당함에 대해 글을 써서 신문사에 보냈습니다.

그리고 간디는 인두세 철폐를 위해 나섰습니다.

지금 정부에서는 인도인에게 인두세를 물리려고 합니다. 그렇게 되면 한 사람이 내야 할 인두세는 무려 25파운드가 됩니다.

인두세란 납세의 능력 차이를 고려하지 않고 사람 수대로 매기는 세금을 말합니다. 예를 들면, 어린이든 돈벌이를 하지 않는 여성이든 상관없이 세금을 내야 하는 것입니다.

인두세 때문에 남아프리카에서 사는 인도인의 삶은 더욱 피폐해졌습니다.

돈을 버는 사람은 나 혼잔데, 세 식구의 세금을 내라니요? 게다가 금액이 너무 많아요!

시끄러워! 내라면 낼 것이지, 말이 많아!

갓난아이에게까지 인두세를 물려서 우리 네 식구가 내야 하는 세금이 자그마치 100파운드예요. 이건 적자라고요, 적자!

당시 인도인 성인 남자가 받는 월급은 1파운드 정도였습니다. 25파운드는 인도인이 1년을 꼬박 벌어도 낼 수 없는 세금이었던 것입니다.

인두세를 내고 나면 2년 동안 굶어야 해.

간디는 인두세의 부당함을 호소하는 글을 써서 퍼트렸고, 인두세법 철폐 시위를 주도했습니다.

이러한 간디의 노력에 백인들도 반응을 보였습니다. 하지만 그것은 인도인을 동정해서가 아니라, 시위가 귀찮았기 때문입니다.

간디의 노력으로 비현실적이었던 인두세는 25파운드에서 3파운드로 줄어들었습니다. 그러나 3파운드도 여전히 무거운 세금이었습니다.

그러던 어느 날, 인도 국민 회의 사무실에
한 노동자가 피를 흘리며 뛰어 들어왔습니다.

변호사님, 제발
도와주세요!

아니, 무슨
일입니까?

저는 인도에서 온
노동자입니다.
그런데 영국 주인이
걸핏하면 때려서
더는 버틸 수가 없어요.

노동자의 온몸은 멍투성이였고,
살갗이 찢어져 피를 흘리고 있었습니다.

말도 안 돼!
사람을
이 지경으로
만들다니……!

노동자를 도와주려면 변호사로서
법정에 서야 했기에 간디는 터번을
벗었습니다. 그 뒤로 간디는 한동안
영국식 양복만을 입고 지냈습니다.

또 쫓겨나면 안 되지.
지금은 터번보다
더 중요한 일이 있으니까
벗어던지자.

간디는 영국인 주인을 고소하여 손해 배상을 청구했습니다.
그러자 영국인 주인은 노동자를 자유롭게 풀어 주고 합의를 보았습니다.

아닙니다.
이것은 작은 시작일
뿐이에요.

감사합니다.
변호사님 덕분에 자유의
몸이 되었습니다.

이 일이 소문나자 가혹한 차별을 받던 인도인이
너도나도 간디를 찾았습니다. 간디는 자기도 모르는
사이 그들의 희망이 되어 가고 있었습니다.

변호사님,
제 말 좀
들어 보세요.

변호사님,
정말 억울해요.

세상에
이런 일이 어디
있습니까?

한편, 그즈음 남아프리카 정부는
아시아인 등록법을 제정했습니다.

앞으로 *트란스발에 거주할 인도인은
등록증을 발급받아야 한다.
그리고 이것을 목에 걸고 다녀라.
이를 어길 시 가차 없이 쫓아낼 테다.

쳇, 완전
개 목줄이잖아?

네?

*트란스발: 1900년대 초까지 존재하던 나라로, 훗날 남아프리카 공화국에 포함되었다.

아시아인 등록법은 남아프리카에 사는 인도인을 등록하고 감시하기 위한 법이었습니다.

넌 왜 아직 등록 안 했지? 당장 여기에서 나가!

집과 일터가 여기 있는데 어딜 가란 말입니까?

그래? 그럼 등록증 발급을 연기해 줄 테니, 월급을 깎도록 하자.

네? 지금도 많이 못 받는데…….

싫음 당장 여기서 나가던가.

아닙니다요.

트란스발로의 출입이 자유롭지 못하자 인도인들은 근처 나탈 지역으로 몰려들었습니다. 그곳에서 인도인들은 더 심한 노동력 착취를 당했습니다.

너 아니라도 일할 사람 많다. 월급 깎자.

일 좀 하게 해 주세요. 가족이 굶는다고요.

아시아인 등록법은 모든 인도인이 낮은 임금으로 백인에게 노동력을 착취당하게 하는 무서운 결과를 가져 왔습니다.

이런 비인간적인 법안은 철폐되어야 합니다. 등록을 거부합시다!

간디를 중심으로 인도인들이 아시아인 등록을
거부했고, 곧 간디는 감옥에 갇혔습니다.

야,
나도 감옥에 넣어!

변호사님을 풀어 줘!

우리 모두 아시아인
등록을 거부할 거야.

많은 인도인의 항의로
사태가 심각해지자
남아프리카의 총리가
감옥 안에 있던
간디를 찾아왔습니다.

간디 씨, 이러지 말고 우리 협상합시다.
인도인이 자발적으로 등록한다면
우리가 그 법을 없애겠습니다.

등록만 받아 놓고
법을 없애지 않는다면
우리만 손해지 않습니까?

한 나라의 총리인
내가 거짓말을
하겠습니까?

감옥에서 나온 간디는 총리의 말을 믿고
인도인에게 자발적 등록을 권유했습니다.

저를 믿고 일단
등록하시기 바랍니다.

그러나 총리는 아시아인 등록법을 없애겠다는 간디와의 약속을 지키지 않았습니다.

변호사님, 이게 어떻게 된 일입니까? 약속을 받으셨다면서요?

아무래도 내가 속은 것 같군요.

그럼 이 목사리를 계속 목에 걸고 다녀야 합니까?

여러분! 등록증을 모두 모아 불태워서 우리의 의지를 정부에 보여 줍시다!

간디는 인도인에게 발급된 등록증 2천 장을 모아 불에 태웠습니다.

이것은 정부 정책에 대한 도전이었습니다.
남아프리카 정부는 곧바로 이 일의 주동자인
간디를 체포해 감옥에 가두었습니다.

이 인도 촌뜨기 녀석.
감옥에 들락거리는 주제에
뭐가 이리 당당해?
부끄러운 줄 알아야지!

나는 부끄럽지 않다.
나는 진실하고
옳은 일을 한 거니까!

세계의 종교

하나 | 힌두교

인도를 점령한 아리아인은 베다교를 믿었고, 베다교의
제사장 계급인 브라만은 그 누구보다 지위가 높았습니다.
그러나 여기저기서 나라가 세워지고 왕이라는 새로운 지위가
생겨나면서 브라만 계급과 왕은 충돌하게 되었습니다. 왕은
제사장이 자신들보다 높은 계급이라는 걸 인정할 수 없었고,
당시 인도에서 유행하던 불교를 받아들임으로써 브라만을
견제하려고 했습니다. 그러나 불교가 내세우는 '평등'이라는
개념은 왕과 신하, 귀족과 노예가 모두 평등하다는 뜻이어서
왕들이 나라를 지배하는 데 어려움이 있었습니다.

이때 등장한 종교가 바로 힌두교입니다. 힌두교는 베다교가
가지고 있던 제사의 까다로운 절차를 간편하게 축소하고
카스트 제도를 강화했습니다. 또 베다교의 경전을 그대로
힌두교의 경전으로 삼아 베다교의 신이 곧 힌두교의 신이
되었지요. 심지어 불교의 석가모니도 힌두교의 신으로
편입시켰습니다.

즉 힌두교는 지금까지 인도에서 발생한 모든 종교와
철학을 섞어 놓은 종교로, 한마디로 정확히 정의 내리기
어려운 종교가 되었습니다. 분명한 것은 힌두교가
부처를 편입시킴으로써 불교의 세력을 약화시켰고, 그 뒤
강화된 카스트 제도를 통해 왕의 통치를 쉽게 만들었다는
것이었습니다.

인도에서 발생한 모든 종교를 힌두교에 집어넣었기
때문에 인도인은 어떤 종교를 믿든 자연스럽게 힌두교도가
될 수 있었고, 오랜 시간이 지나면서 힌두교는 인도인의 삶
그 자체가 되었습니다.

힌두교의 대표적인 신, 시바 ⓒ Indianhilbilly

힌두교에서 깨달음을 나타내는 소리를 뜻하는 '옴'
ⓒ Majestic

둘   이슬람교

알라의 사도라 불리는 무함마드가 창시한 이슬람교는
알라를 유일신으로 믿는 종교입니다. 이슬람교는 기독교와
뿌리가 같고, 교리 역시 비슷합니다. 이슬람교의 경전인
《코란》과 기독교의 경전인《성경》은 등장인물의 이름만
다를 뿐 그 내용은 대부분 일치합니다.

이슬람교의 경전 《코란》 ⓒ LordHarris

그러나 교리상 다른 부분이 있을 수밖에 없고, 이 때문에
유일신을 믿는 이슬람교와 기독교는 서로 자신들의 교리가
진리이며 상대 종교는 이단이라고 주장하며 숱한 종교
전쟁을 치렀습니다. 가장 비슷한 경전을 사용하는 두 종교는
아이러니하게도 서로를 원수같이 바라보는 종교가 된
것이지요.

예언자 무함마드는 유일신 알라의 계시를 설파하였고, 알라
아래 모든 이는 평등하다는 설교를 했습니다. 무함마드의
가르침은 그대로 이슬람교의 교리가 되어 현재 많은
이슬람교도는 알라와 무함마드의 가르침에 따라 종교 생활을
이어 가고 있습니다.

이슬람교도가 죽기 전에 한 번은
가야 한다는 성지, 메카

who? 지식사전

힌두교의 대표적인 신

· **창조의 신, 브라흐마**: 동서남북 네 방향을 두루 살피며 우주를 창조하고 다스리는
  신입니다.
· **보존의 신, 비슈누**: 힌두교 신 중 가장 중요한 신으로 우주를 유지하고 보존하는
  신입니다. 마츠야(물고기), 쿠르마(거북), 바라하(멧돼지), 나라심하(사자
  인간), 바마나(난쟁이), 파라슈라마(도끼를 든 라마), 라마(서사시 '라마야나'의
  주인공), 크리슈나, 고타마 붓다(석가모니), 칼키(미래에 올 아바타) 등 열 가지
  화신(아바타)이 있습니다.
· **파괴의 신, 시바**: 시바는 인도에서 가장 인기 있는 신으로, 세 개의 눈을
  가지고 있습니다. '난디'라는 황소를 타고 다니는데, 이 때문에 인도에서는 소를
  신성시한다고 합니다.

창조의 신, 브라흐마   비슈누의 여덟 번째
                        화신, 크리슈나
                        ⓒ Joe M500

기독교 교리에서는 예수가 죽은 지 3일 만에
부활했다고 믿으며, 부활절을 축제로 기념하고
있습니다.

레오나르도 다 빈치의 《최후의 만찬》.
예수가 십자가에 죽기 전날, 열두 제자와 만찬을
나누었다는 《성경》의 내용을 표현했습니다.

셋 기독교

기독교는 유일신의 아들 예수를
구세주(그리스도)로 믿는 종파를
통틀어 일컫는 말입니다. 교리에
있어서 약간의 차이는 있으나
천주교, 개신교, 정교, 성공회
등이 모두 기독교라 할 수 있지요.
기독교는 유대교에서
파생되었는데, 당시 유대교는

프랑스의 종교 개혁가 칼뱅
(1509~1564년)

오직 유대인만이 구원받을 수 있다는 선민의식을 가지고
있었습니다. 그러나 예수는 '구원은 유대인뿐 아니라 모두가
받을 수 있다'라고 주장하였고, 그래서 이단으로 몰려
십자가에서 처형당했습니다. 예수의 처형 이후 기독교는
오히려 빠르게 성장했지만, 유대인은 로마 제국에 의해
점령당하고 말았습니다. 그 뒤 기독교는 유럽을 바탕으로
성장해 제국주의 시절에 유럽 열강들이 세계를 지배하면서
동시에 기독교를 선교하여 전 세계에 기독교가 널리
퍼졌습니다. 그로 인해 기독교는 현재 세계에서 가장 많은
사람이 믿는 종교가 되었지요.
한편 기독교는 한때 서양에서 큰 권력을 누리다 타락했는데,
루터와 칼뱅이 기독교 개혁을 주장하며 기독교의 분파인
개신교를 창시하였습니다. 그 뒤 종교 개혁 이전의 구교와
종교 개혁 이후의 신교가 각각 천주교와 개신교로 기독교의
양대 산맥이 되어 오늘날까지 이어지고 있지요.
우리나라에서는 신교를 기독교라고 합니다.
우리나라에는 실학의 영향으로 1784년에 천주교가,
1884년에 개신교가 들어왔습니다. 양반과 양민으로
나누어져 있던 조선 시대에 신분과 관계없이 예수를 믿으면
구원을 받을 수 있다는 교리는 양민의 마음을 얻기에

충분했어요. 하지만 기독교는 제사를 지내는 것을 금했기 때문에 조선 시대에 기독교를 믿었던 사람들은 탄압을 피할 수 없었습니다.

넷 불교

불교는 기원전 6세기경 인도의 사카족의 왕자로 태어난 고타마 싯다르타가 창시했습니다. 스스로 수양을 통해 깨달음을 얻어 해탈하며 모든 사람이 평등하다는 교리를 가지고 있지요.

우리나라의 석굴암 본존불 ⓒ Richardfabi

마우리아 왕조의 아소카왕은 불교에 귀의한 후 주변 국가에 불교를 열심히 전파했고, 그 결과 아시아 지역은 불교 문화권을 형성하게 되었습니다. 인도를 비롯해 태국, 미얀마 등 동남아시아 국가에서는 자기 수양을 목적으로 하는 '소승 불교'가, 우리나라를 비롯해 중국, 일본에서는 중생을 적극적으로 구제한다는 '대승 불교'가 발전했습니다.

발생지인 인도에서는 불교가 거의 사라졌지만 철학자 쇼펜하우어, 역사학자 토인비, 과학자 아인슈타인 등 여러 석학이 불교에 찬사를 보낸 후 조금씩 서양에 알려졌습니다.

who? 지식사전

우리나라의 종교

- 유교: 공자의 사상인 유학을 바탕으로 만들어진 유교는 자신을 먼저 수양하고 그다음 집안을 평안히 하고, 나라를 위해 일하여 천하를 이상적으로 다스리는 것을 목표로 합니다.
- 호국 불교: 부처의 힘으로 나라를 구한다는 뜻으로, 우리나라만의 특징적인 불교를 가리키는 말입니다. 호국 불교 사상은 고려 시대에 팔만대장경을 만드는 원동력이 되었고, 임진왜란 때 서산 대사, 사명당 등 승려가 왜군과 싸우는 데 앞장서는 동기가 되었습니다.
- 천도교: 1860년 최제우는 서양에서 온 종교라는 뜻의 서학(기독교)에 반대하여 민족 종교 '동학'을 세웠고, 1905년에 동학을 개칭하여 천도교를 만들었습니다. 천도교는 비록 역사는 짧지만, 우리나라의 민족 종교입니다.

유교의 시조인 공자

4 진리를 지키다

감옥에서 출소한 간디는 영국으로 향했습니다. 영국의 식민 정부에서 부당한 인종 차별이 일어나고 있다는 것을 알리기 위해서였습니다.

영국은 신사의 나라야. 남아프리카의 인종 차별에 대해 호소하면 뭔가 조치를 취해 줄 지도.

간디 씨가 나 같은 정치인을 무슨 일로 만나자고 한 거죠?

남아프리카의 인종 차별이
매우 심각합니다.
부디 남아프리카의
잘못된 정책을 철폐할
수 있도록 도와주세요.

허허허.
그런 문제라면……
생각해 보겠소.

간디는 정치인, 언론인을
만나며 남아프리카의 문제에
관해 이야기했습니다.

언론에서
이 문제를 크게
다루어 주세요.

다루기는 할 텐데,
그렇게 큰 힘이 될지는
모르겠네요.

간디는 4개월 동안 영국에 머물면서
남아프리카에서 행해지는 인종 차별에 대해
많은 기관과 단체에 호소했지만,
뚜렷한 성과를 거두지 못했습니다.

역시, 영국도
백인의 나라였어.
모두 남아프리카 정부
편만 들고 있잖아.

나는 왜 영국이
이 문제를 해결해
줄 거라고
생각했을까?

남아프리카로 돌아온 간디는 영국식 정장을 벗고, 변호사 일도 그만두었습니다.
영국 법이 식민지를 지배하는 영국인만을 위한 법이라는 것을 깨달았기 때문입니다.

나는 인도인이야. 영국과 인도는 다르지.

이제 직업을 잃었군. 하지만 경제력이 해결되지 않으면 투쟁을 계속할 수 없어.

간디는 *요하네스버그 부근에 농장을 세웠습니다.
그곳을 갈 곳 없는 인도인이 모여서 함께 자급자족하는 공동체로 만들었습니다.

*요하네스버그: 남아프리카 공화국 트란스발에 있는 도시

어느 날, 간디는 농장 사람들을 모아 놓고 연설했습니다.

여러분, 우리에겐 아직 풀지 못한 숙제가 있습니다.

먼저 인두세. 25파운드를 3파운드로 내리는 데 성공했지만, 여전히 부담되는 금액입니다.

그리고 아시아인 등록법. 우리는 등록증을 불태웠기에 트란스발 안으로 들어갈 수 없습니다.

인두세는 어느 정도 성과를 거두었으니 아시아인 등록법을 철폐하는데 앞장서야 할 것 같습니다.

하지만 어떻게 해? 우리 시위가 통하지 않잖아.

그래서 이번에는 조금 색다른 방법을 생각해 봤습니다.

간디 선생님 생각이라면
저희는 무조건 따르겠습니다.

'사탸그라하'입니다.
'진리를 지킨다'는
뜻이지요.

사탸그라하?
진리를 지킨다고?

이것은 비폭력 저항
운동입니다.

그러니까 우리 모두
평화적으로 잘못된 법을
어기자는 거지요.

그거
흥미로운데요?

우리 모두 등록증 없이 트란스발로 가는 겁니다. 그래서 트란스발 국경을 넘는 거지요.

그럼 우리는 모두 등록법을 어긴 죄로 체포될 겁니다. 이것이 평화적으로 잘못된 법을 어겨 저항하는 것입니다.

그런 게 효과가 있을까요?

모두가 힘을 합치면 분명 효과가 있을 겁니다. 무엇보다 우리는 그 누구도 해쳐서는 안 됩니다. 그저 정부의 법이 얼마나 잘못된 것인지 스스로 깨닫게 만들어야 하지요!

좋아, 해 보자!

이렇게 많은 사람은 한꺼번에 감옥에 넣지도 못할걸?

여러분, 저들이 어떤 폭력을 사용하더라도 우리는 폭력을 사용하지 말아야 합니다. 그래서 우리가 더 문명인임을 세계에 보여 줍시다.

우리가 진짜 문명인이야!

하하하!

트란스발로 가려던 인도인은 모두 나탈로 추방당했습니다. 그리고 간디는 감옥에 갇혔습니다. 정부는 이것으로 모든 것이 끝났다고 생각했습니다.

정부가 만든 결혼법은 인도인의 결혼을 무효로 하는 법이었습니다.
이 법에 반발한 사람은 간디의 아내 카스토르바이를 비롯한
여성들이었습니다. 이들 역시 등록증 없이 트란스발로 향했습니다.

하지만 남아프리카 정부는 여성들이라고 해서
관용을 베풀지는 않았습니다.

체포해!
모두 때려잡으란
말이다!

이 소식은 광산에서 일하던 인도 노동자들의
귀에도 들어갔습니다.

소식 들었어?
간디 선생이
트란스발에 가다가
체포되었대.

여자들도
마구잡이로
때렸다더군.

인도인의 결혼은
인정하지 않는다는 거
들었어?

이럴 게 아니라,
우리도 뭔가
해야 해!

광산에서 일하는 인도 노동자들은 힘을 모아 파업에 들어갔습니다.

간디 선생을 풀어 줘라!

아시아인 등록법을 철폐하라!

인도인의 결혼을 허용하라!

인두세를 폐지하라!

인도인 노동자들의 파업은 전국적으로 확산되었습니다. 파업이 확산되자 남아프리카 정부는 당황했습니다.

이게 대체 뭡니까? 인도 노동자들이 죄다 일손을 놓는 바람에 가게에 물건이 없어 사람들이 식료품을 구할 수가 없어요.

뭔가 뾰족한 방법이 없겠습니까?

총리님, 이럴 때일수록 더욱 강하게 몰아붙여야 합니다. 파업하는 노동자 모두 감옥에 넣어 버린다면 두려워서 파업을 못할 것입니다.

그래요? 좋아요, 그렇게 해 봅시다.

제자리에 가서
일을 하란 말이다!

악법을 철폐하라!

아시아인 등록법,
인두세를 철폐하라!

아무리 때려도 노동자들은 파업을 계속했습니다.
또한, 인도인들은 감옥에 가는 걸 두려워하지
않았습니다.

이제 인도 놈들을 더 넣을
공간이 없습니다.

인도인이 비폭력 저항 운동을 하고
남아프리카의 정부가 폭력으로
이들을 진압하고 있다는 소식이
세계에 알려졌습니다.

지금 세계가
우리를
비난하고 있어요.

우리가 비폭력을
폭력으로 진압하는
미개인이랍니다.

아무래도 안 되겠습니다.
인도인은 아무리 때리고 짓밟아도
저항을 계속합니다. 그들의 요구를
들어줘야 할 것 같습니다.

이게 무슨 망신인가.
일단 감옥 안에
있는 간디를 만나
협상해 보겠소.

남아프리카 총리는 또다시 간디를 만나기 위해
감옥으로 찾아갔습니다.

일전에 총리께서는
아시아인 등록법 철폐에
대해서도 자발적 등록하면
없애겠다고 약속하셨습니다.

이봐요, 선생.
선생을 풀어 주고
요구 조건을 들어주겠소.
그러니
사탸그라하 운동을
멈추어 주시오.

하지만 그 약속을
지키지 않았지요.

우리의 요구를 들어주지 않으면,
언제라도 비폭력 저항 운동을
계속할 것입니다.

이번에는 꼭 지키겠소.
노동자들이 일을 하지 않아서
지금 이 나라의 산업이
모두 멈췄단 말이오.

우리도 조사 위원회를 꾸려서
인도인의 요구 조건을 수집하겠소.

감옥에서 풀려난 간디는 비폭력 저항 운동을 벌인 인도인 때문에 남아프리카 전체 산업이 멈춰 있다는 것을 알았습니다.

선생님, 이 모든 게 선생님 덕입니다. 우리에게도 불의에 대항할 용기가 있다는 걸 이제 알았습니다.

음······, 이제 그만합시다. 파업은 그만두고 모두 일터로 돌아갔으면 합니다.

그게 무슨 말씀이세요? 이제 정부를 거의 다 몰아붙였는데요? 이제 조금만 있으면 정부의 항복을 받아 낼 수 있습니다.

아니요. 곤경에 빠진 정부를 더욱 어렵게 하지는 말았으면 합니다.

정부는 적이 아닙니다. 어디까지나 평화적인 협상의 대상일 뿐입니다.

간디의 말에 인도인은 파업을 멈추고 모두 일터로
돌아갔습니다. 이 모습을 보며 총리는 깜짝 놀랐습니다.

더 많은 것을
얻어 내고자
정부를 몰아붙일 수도
있었는데……

간디, 이 사람은
도대체 얼마나
넓은 마음을
가지고 있을까?

우리는 인도인에게
부여했던 3파운드의
인두세를 모두
폐지합니다.

또한, 아시아인 등록법을
폐지합니다.
등록증이 없어도
마음대로 트란스발을
오갈 수 있습니다.

결국, 인도인이 원하던 세 가지 악법이 모두 사라졌습니다. 이것은 사탸그라하 운동의 위대한 승리였으며, 간디가 남아프리카에서 투쟁한 지 21년 만의 일이었습니다.

남아프리카 공화국

안 반 리베크가 남아프리카에 상륙한 모습을 나타낸 찰스 벨의 그림입니다.

제1차 보어 전쟁은 영국과 남아프리카 지역에 정착해 있던 보이인들 사이에서 일어난 전쟁입니다.

게릴라 전술을 펼친 제2차 보어 전쟁의 용병들

하나 · 간디가 살았던 시대의 남아프리카

네덜란드의 정복

포르투갈의 탐험가 바르톨로메우 디아스(1450~1500년경)는 남아프리카의 희망봉을 발견하고 항로를 개척했습니다. 그로부터 2백여년이 지난 뒤 네덜란드의 얀 반 리베크(1619~1677년)가 남아프리카에 상륙해 유럽과 인도를 잇는 전략적 항구를 개척하고 남아프리카에서 살고 있던 흑인을 노예로 삼았지요. 이렇게 남아프리카로 이주해 온 네덜란드인은 스스로 '보어(농부)'라고 불렀고, 당시 남아프리카의 원주민은 부족 사회를 이루고 있었기 때문에 나라의 개념 없이 보어인들에게 차례대로 점령당하고 말았습니다.

영국의 제국주의

남아프리카에서 풍부한 자원이 있다는 것을 알게 된 영국은 서둘러 남아프리카에 진출했습니다. 그리하여 막강한 군사력과 경제력을 바탕으로 보어인을 밀어내고 남아프리카를 점령하기 시작했습니다. 영국은 식민지였던 인도에서 노동자를 불러들여 빠르게 남아프리카에 식민지를 건설했습니다. 그리고 마침내 보어인들이 세운 트란스발 공화국을 영국령에 집어넣었지요. 그러자 이에 반발한 보어인과 지키려는 영국이 전쟁을 치르게 되었는데, 이것이 '보어 전쟁'입니다. 두 차례의 보어 전쟁은 영국의 승리로 끝났지만, 피해는 막대했습니다. 결국 영국이 보어인으로부터 뺏은 케이프, 나탈 등의 식민 정부와 보어인이 세운 트란스발 공화국은 남아프리카 연방을 맺고, 대영 제국의 일원이 되었습니다.

그리고 이때부터 남아프리카 정부는 영국의 식민 통치를
대리하게 되었지요.

유색 인종 차별

남아프리카 연방은 영국과 네덜란드인이 힘을 합쳐 세운
연방 국가로, 영국의 식민 지배를 받고 있던 인도나 원래
남아프리카에서 살던 흑인 원주민은 아무런 관련이
없었습니다. 그런데도 백인들은 유색 인종을 차별했고,
착취의 대상으로 생각했습니다. 흑인이나 인도인은 백인과
똑같은 일을 하고도 임금이 적었고, 세금은 백인보다 더
많이 내야 했습니다.

특히 트란스발 공화국에서는 차별이 더욱 심했습니다.
인도인이 다니는 길이 따로 있는가 하면 백인과는 대화도
나눌 수도 없고, 백인이 시키는 일은 군말 없이 해야
했습니다. 심지어 5살 꼬마에게도 백인이라면 먼저 고개 숙여
인사해야 했습니다.

또한, 아시아인 등록증 제도를 만들어 인도인을 쉽게
통제하고, 또 쉽게 쫓아냈습니다.

백인 전용임을 알리는 표지판

who? 지식사전

아프리카 최초의 사파리 관광지, 크루거 국립 공원

남아프리카 공화국에서 가장 인기 있는 국립 공원이며, 야생 동물 보호 지역입니다.
얼룩말, 코뿔소, 코끼리, 사자 등의 야생 동물을 체계적으로 보호, 관리하고 동시에
관광 자원으로 활용할 목적으로 1898년 개장했습니다. 아프리카 최초의 국립
공원이며 세계 최고의 사파리 관광지이기도 하지요. 대형 동물만 20여 종 8,000여
마리가 서식하며, 스네이크 이글을 비롯해 90여 종의 조류 등 총 1,000여 종의 크고

크루거 국립 공원의 전경

작은 야생 동물이 서식하고 있습니다. 동물을 야생 상태 그대로 관람하는 사파리는
일정 구역 내에서만 가능하며, 사냥할 수 있는 동물과 개체는 정해져 있답니다.

둘   넬슨 만델라와 인종 차별 철폐

남아프리카 연방은 1961년 '남아프리카 공화국'으로 명칭을 바꾸지만 여전히 백인에게 인종 차별을 받았습니다. 게다가 아파르트헤이트 정책이 법안으로 채택되면서 차별이 점점 심해졌지요. 아파르트헤이트는 '분리, 격리'라는 뜻으로, 인종을 분리하여 정치 · 경제 · 사회적으로 차별하는 정책이에요.

영어, 아프리칸스어, 줄루어로
표시된 아파르트헤이트 표지판
© Guinnog

넬슨 만델라 기념 동상 © Loco Steve

인종 차별을 법으로 정해서 누구에게나 정당화시킨 것이었습니다. 이 정책은 모든 사람을 등급으로 분류하고, 인종 별로 거주지 분리, 다른 인종 간 혼인 금지, 출입 구역 분리 등 노골적으로 백인 지상주의 국가를 지향했습니다.

이러한 이유로 남아프리카 공화국은 1974년에 유엔(국제 연합)에서 축출되어 한동안 국제적으로 고립되는 상황에 부닥치기도 했습니다.

혼란한 상황 속에서 인종 차별 정책에 저항한 민족 지도자 넬슨 만델라(1918~2013년)는 남아프리카 공화국의 심각성을 널리 알리고, 흑인 지도자로 나서며 평생 동안 인종 차별에 저항했습니다.

넬슨 만델라가 복역했던 감옥 © Paul Mannix

결국, 흑인 인권 운동을 펼치다 종신형을 선고받은 그는 27년 만에 출소하여 인종 차별을 철폐시킨 공으로 1993년 노벨 평화상을 받았지요. 그리고 1994년에는 남아프리카 공화국 최초의 자유선거에서 대통령에 당선되어 인종 차별 정책을 없애고, 유엔 총회 의석도 회복했습니다.

셋   현재의 남아프리카 공화국

과거 남아프리카 공화국은 모든 부가 백인에게
몰려 있었기 때문에 국민의 대부분인 흑인은 매우
가난했습니다. 전기와 수도 시설도 제대로 갖추지
못해서 많은 흑인이 빗물을 받아 생활했고, 밤에는
촛불이나 달빛에 의존해서 살았지요.
남아프리카 공화국에서 흑백 차별이 공식적으로
철폐되고 흑인 정부가 들어선 것이 1994년으로
얼마 되지 않았기 때문에 아직 정치·경제적으로
풀어야 할 숙제가 많이 남아 있습니다.
그러나 남아프리카 공화국은 세계에서 가장 훌륭한
다이아몬드 산지일 뿐만 아니라, 개발 가능성이
무한한 곳이기 때문에 많은 나라로부터 투자를
받으며 빠르게 성장하고 있습니다. 흑인에 대한
처우도 갈수록 나아져서 이제는 백인과 흑인이
동등한 지위와 권리를 누리고 있습니다.

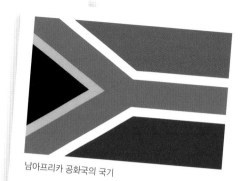

남아프리카 공화국의 국기

케이프타운에 있는 남아프리카 공화국
국회 의사당 ⓒ PhilippN

who? 지식사전

2010년 남아공 월드컵

월드컵은 축구에서 세계 최강을 가리는 경기로 4년에 한 번씩 개최됩니다. 남아프리카
공화국은 빠른 속도로 경제를 회복하고 인종 간의 갈등이 사라진 이상적인 국가가 되었음을
전 세계에 알리기 위해 2010년 남아공 월드컵을 개최했습니다. 의도한 대로 남아프리카
공화국은 월드컵을 통해 인종 차별이 있는 가난하고 위험한 나라라는 인식을 고치고 세계에
자국의 발전된 모습을 보여 주었지요.
2010년 남아공 월드컵에서는 에스파냐가 우승했으며, 우리나라는 사상 첫 해외 원정에서
16강에 오르는 쾌거를 거두었습니다.

남아공 월드컵 케이프타운 경기장

남아공 월드컵에서 우승한
에스파냐 ⓒ Anthony Stanley

5 인도
독립운동

간디는 22년 만에
고국인 인도로 돌아왔습니다.

남아프리카에서 펼친 간디의 활약은 인도에도
알려져 어느새 국민적 영웅이 되어 있었습니다.

간디 님이다!

모한다스 카람찬드
간디 만세!

이게 도대체
무슨 일이지?

당신이 어느새
인도인의 중심이
되었네요.

남아프리카에서 인도인의 차별을 없애는 데 앞장선
간디는 인도인의 영웅이었습니다.
곳곳에서 간디에게 연설과 강연을 요청했으며 그는
기꺼이 인도인을 위해 인도 전역을 누볐습니다.

바뀌어야 하는 것은
영국이 아니라 우리입니다.
카스트 제도에서 벗어나야 하고,
종교 문제에서 벗어나야 합니다.
먼저 인도인이 한마음으로
뭉쳐야 합니다.

전국 순회 연설을 하는 동안
간디는 또 다른 인도의 국민적
영웅 타고르를 만났습니다.
시인인 타고르는 노벨 문학상을
수상한 위대한 인물이었습니다.

과분한 말씀이십니다.
저야말로 타고르 님을
뵙게 되어 영광입니다.

당신은
인도인을 이끄는
위대한 영혼이오.

타고르는 간디를 '위대한 영혼'
이란 뜻의 '마하트마'라고
불렀습니다.
이는 본명보다 더욱 알려지면서
사람들은 그를 '마하트마'라고
불렀습니다.

마하트마, 바나라스 대학의
개교 기념식 연설을
부탁합니다.

물론이오.

바나라스 힌두 대학 개교 기념식에는 인도를 지배하는
영국의 총리를 비롯해 많은 영국의 정치인이 초청을
받아 참석했습니다.

여러분, 우선 저는 나의 조국 인도에서
우리의 언어가 아닌 영어로 연설하게 된 것을
매우 부끄럽게 생각합니다.

모두 간디의 말에 깜짝 놀랐습니다.
지금까지 영국의 식민지인 인도에서 영어를 이렇게
비판한 사람은 없었기 때문입니다.

방금 영어를
비난한 거 맞지?

총독까지 와 있는데
이런 이야기를 하다니.

영국 관료들과는 달리 연설을 듣던 바나라스 힌두 대학의
학생과 교수들은 일제히 일어나 간디에게 환호했습니다.

옳습니다!

우리는 독립을 원합니다!

골치 아픈 인물이 인도에 왔군.
앞으로 저자가 어떤 움직임을
보이는지 감시해야겠어.

한편 간디는 남아프리카에서 그랬던 것처럼
공동 거주지를 만들었습니다.
공동 거주지의 이름은 수행자의 거처라는
뜻을 가진 인도어 '아슈람'이라고 지었습니다.
아슈람에는 25명의 인도인이 함께 밥을 짓고,
노동하는 등 자급자족하며 살았습니다.
이 공동 거주지는 영국에 기대지 않고 인도인
스스로 생활할 수 있다는 것을 보여 주기
위한 것이었습니다.

간디 또한 아슈람의
여느 사람들처럼 일했습니다.

마하트마,
뭐 하시는
겁니까?

물레질로 실을
뽑고 있지요.

실은 왜
뽑으시죠?

지금 옷감은 모두
영국의 방직 공장에서
생산하고 있습니다.
하지만 우리가 실을 뽑아
옷감을 만든다면,
영국에 기대지 않고
우리 스스로 옷을 지어
입을 수 있지요.

그러면 영국 방직 산업의 도움 없이 옷을 해결할 수 있어요.

그럼 인도 스스로 산업 활동을 하자는 말씀이세요?

그렇습니다.

간디는 인도가 영국에 대한 산업적 의존에서 벗어나야 한다고 생각했습니다. 그래서 자급자족하는 아슈람을 만들었고 적극적으로 영국의 방직 산업에 대처하기 위해 물레를 돌려 실을 뽑았습니다.

인도에서도 산업이 활발해져야 합니다. 모두 하루에 한 시간이라도 물레를 돌리도록 합시다.

간디는 물레를 돌려 직접 실과 옷감을 생산하여 영국의 방직 산업에 의존할 필요 없이 인도인 스스로 산업을 이끌어 나갈 수 있다는 것을 보여 주고 싶었던 것입니다.

나도 집에서 물레를 돌릴 거야.

마하트마의 말씀 들었지? 인도 산업은 인도인이 하는 거야.

앞으로 옷은 우리가 직접 해결할 수 있다니!

간디는 자신이 직접 짠
옷감으로 '도티'라는 인도 의상을
만들어 입었습니다.
이렇게 옷을 만들어 입음으로써,
간디는 인도인에게
스스로 산업을 이끌 수
있다는 것을 보여 주었습니다.

그러던 어느 날,
간디는 불가촉천민 한 명을
아슈람에 데리고 왔습니다.

사람들은 카스트 계급에 속하지 않는 불가촉천민을 가까이할 수조차 없는 천한 사람으로 여겼습니다.

마하트마, 이 사람은 불가촉천민이 아닙니까?

그런데요?

불가촉천민과 함께 살 수 없습니다.

마하트마, 제발 불가촉천민을 돌려보내세요.

불가촉천민과 함께 살면 우리도 더러워져요.

불가촉천민을 돌려보내지 않으시면 제가 나가겠습니다!

불가촉천민 역시 우리와 같은 인도인입니다. 우리가 인도인을 차별하면서 어떻게 영국인에게 우리를 차별하지 말라고 할 수 있습니까?

하지만 불가촉천민은……

자, 이리 오시오.

불가촉천민의 손을 잡는 것은 인도인 사이에서 금기시되는 일이었습니다.

여러분, 난 불가촉천민과 이렇게 몸을 맞대고 손을 잡았습니다.

그럼 제가 더러워진 것입니까?

......

고심 끝에 간디는 인도의 독립이 더 중요하다는 결정을 내렸습니다.

여러분, 우리 인도인은 영국을 도와 전쟁에 참가해야 합니다.

우리가 왜 영국을 도와야 하죠?

우리가 영국을 도와 전쟁을 승리로 이끈다면 영국도 우리의 독립 요구를 무시하지 못할 겁니다.

영국을 도와주고 독립 약속을 받아 내자는 말씀입니까?

그렇습니다.

간디는 인도가 영국을 도와 전쟁에 참여하는 대신 전쟁이 끝나면 인도의 자치를 허락해 달라고 협상했습니다. 이에 많은 인도인은 연합군의 일원으로 전쟁에 참여했습니다.

전쟁은 연합군의 승리로 끝났습니다.
하지만 영국은 약속을 지키지 않았습니다.

무슨 약속을 말하는 거요?
나는 본국으로부터 아무 연락도
받지 않았소.

이런 경우가 어디 있습니까?
대영 제국의 약속이 이처럼
가벼운 것이란 말입니까?

총독께서도 영국과
우리 인도와의 약속을
잘 아시지 않습니까?

모르는 일이오.
당신들만
손해일 테니,
자꾸 귀찮게
하지 마시오.

인도인은 항의 시위를 벌였습니다.

영국 정부는
인도 자치를
인정하라!

영국은
약속을
지켜라!

그러자 영국은 인도와의 약속을 지키기는커녕 자신들 마음대로 인도인을 재판 없이 감옥에 넣을 수 있는 롤래트 법을 만들었습니다.

지금부터 인도인은 재판 없이도 감옥에 넣을 수 있다. 시위하는 인도인을 모조리 감옥에 넣어 버려라!

마하트마, 인도 국민 회의에서 사람이 왔습니다.

무슨 일이지요?

지금 경찰들이 닥치는 대로 인도인을 잡아다 감옥에 넣고 있습니다.

그렇지 않아도 그에 대항할 방법을 생각하던 참입니다.

어떤 방법으로요?

간디는 롤래트 법에 대항하여 하르탈 운동을 제안했습니다. 하르탈은 영혼이 큰 충격을 받아 일을 할 수 없는 상태를 말하는 것이었습니다.

3월 1일, 인도 전역에서 하르탈 운동을 시행합시다. 모든 인도인이 일을 하지 않는 것이지요.

그럼 어떻게 되는 거죠?

인도 전체 산업이 멈출 겁니다. 이것은 비폭력으로 할 수 있는 가장 효과적인 운동입니다.

하지만 효과가 없으면 어떻게 합니까?

저는 남아프리카에서 이미 인도 노동자들의 파업으로 남아프리카 산업이 마비되는 것을 지켜봤습니다.

결국, 우리가 원하는 걸 얻어 낼 수 있었지요.

분명히
하르탈 운동은
우리에게 승리를
가져올 것입니다!

1919년, 우리나라에서 3·1 운동이 일어났던 바로 그날,
인도 전역에서는 하르탈 운동이 일어났습니다.
모든 가게가 문을 닫았고, 모든 노동자는 출근하지 않았습니다.

영국은 당황했습니다. 영국 경찰은 집집마다
찾아다니며 인도인을 끌어냈습니다.

이 나쁜 녀석들,
당장 공장에 가서
일해!

떡
떡

그러다가 펀자브 지역에서 문제가 생겼습니다.
펀자브 지역 주민이 작은 공원에 모여 집회를 하던 중
영국 경찰이 쏜 총에 맞아 사상자가 발생하는 사고가 난 것입니다.

이 인도 녀석들!
당장 해산하지 못해?

모여서 또 무슨
작당을 하는 거야?

탕 탕 탕

모여 있던 인도인은 총을 피해 도망쳤습니다.
하지만 경찰이 쏘는 총을 피할 수는 없었습니다.

으아아!

사람 살려!

쏴라!
모두 죽여!

탕
탕
탕

그것은 끔찍한 사건이었습니다.
인도인이 무려 379명이 죽었고 1,200여 명이 총탄에 맞아 부상당했습니다.

이런 악마 같은 놈들!

더는 영국 정부에 협력할 수 없다. 그건 우리 후손에게 죄를 짓는 것이다!

지금부터 비협력 운동과 스와데시 운동을 제안합니다!

비협력 운동은 영국 정부가 하는 일은
어떤 것이든 협력하지 말자는 운동이었습니다.
학교에서 일하던 인도인 교사들은 모두
사표를 제출했습니다.

정부 기관에서 일하던 인도인 또한
모두 자리에서 물러났습니다.
이렇게 인도인이 일터에 나가지 않자,
모든 인도 산업이 멈췄습니다.

영국이 주는 일자리는 거부하겠다!

스와데시 운동은 국산품 장려
운동입니다.
영국 제품을 이용하지 말고
인도인의 노동력과 기술로 만든 것을
애용하자는 운동이었습니다.

이건 내가
집에서
만든 옷이오.

이건 내가
직접 만든
구두요.

영국 공장에서 나온
물건은 단 하나도
사지 맙시다.

인도로부터 막대한 경제적 이익을 얻고 있던 영국은 즉시 운동의 배후 인물로 간디를 지목하고 감옥에 보냈습니다.

모한다스 카람찬드 간디, 피고인을 징역 6년에 처한다!

간디가 감옥에 갇히자 이번에는 간디의 석방을 요구하는 인도인의 대규모 집회가 잇달아 열렸습니다.

마하트마를 석방하라!

더 가까이 오면 쏘겠다!

하지만 인도인의 저항은 갈수록 거세졌습니다.

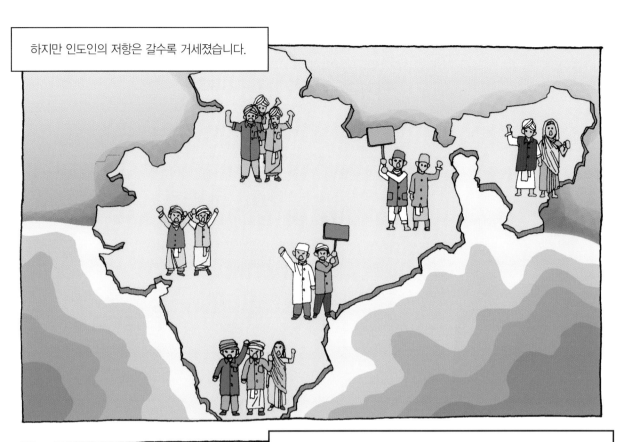

인도인은 영국이라는 공통된 적에 맞서 점차 하나가 되어 갔습니다.
그것이 바로 간디가 바라던 하나 된 인도의 모습이었습니다.

제국주의에 대하여

하나 제국주의란?

제국주의는 한 나라의 정치 · 경제적 지배권을 다른 나라에까지 확대하는 정책이나 사상을 말합니다. 제국주의는 다른 나라를 침략해 식민지로 만들어 지배하고, 세계에 자국의 영향력을 미치게 하지요. 그중에서도 영국의 식민지 정복이 가장 두드러졌는데, 세계 곳곳에 식민지를 건설하여 한때 '해가 지지 않는 나라'라고도 불렸습니다. 당시 영국은 식민지와 불공정 무역을 통해 자국의 부를 쌓았고, 이러한 모습은 다른 서구 열강을 자극해 전쟁의 씨앗을 뿌렸습니다.

크리스토퍼 콜럼버스. 그의 서인도 항로 발견으로 아메리카 대륙은 유럽인의 활동 무대가 되었습니다.

둘 대항해 시대

대항해 시대란 15세기에서 17세기 사이에 유럽의 배들이 세계를 돌아다니며 항로를 개척하고 무역과 탐험하던 시기를 가리키는 말로, 제국주의의 시초라고 할 수 있습니다.

유럽인은 인디언이 살고 있던 아메리카를 주인 없는 땅으로 여기고, 너도나도 진출해 원주민을 공격하고 금을 캐 가는 등 자원을 빼앗아 부를 쌓았습니다. 이 과정에서 찬란했던 잉카 문명과 마야 문명은 처참하게 멸망했지요.

유럽인은 대항해 시대를 맞아 지도학 · 항해학 · 범선 제조술을 발달시켰고, 새로운 땅을 정복하는 과정에서 원주민들과 전쟁을 치르면서 무기도 발달시켰습니다. 이에 발맞추어 18세기 중엽부터 급격한 산업화가 진행되며 유럽은 본격적으로 약한 나라를 침략하여 식민지로 만드는 제국주의 시대를 활짝 열었습니다.

잉카 문명이 남긴 도시 마추픽추. 식민 시대를 겪으며 전통이 무너졌습니다.

제국주의의 쇠퇴

유럽의 제국들은 너도나도 식민지를 건설하면서 서로
부딪히는 일이 많았습니다. 영국과 네덜란드가 싸웠던 보어
전쟁처럼 식민지를 두고 제국들끼리 경쟁하게 된 것입니다.
아프리카 대륙에서는 영국의 종단 정책과 프랑스의 횡단
정책이 교차하면서 갈등이 표면화되기도 했습니다.
게다가 민족주의와 사회주의 이념이 확산되면서 식민지로
삼았던 나라가 끊임없이 독립을 위해 투쟁했기 때문에
제국주의의 팽창에는 적잖은 문제점이 있었습니다.
거기다 독일이 두 차례의 세계 대전을 일으키면서 유럽은
경제 · 군사적으로 큰 타격을 입었습니다.
결국 유럽의 제국들은 이런저런 이유로 각 식민지를
통치할 힘을 잃었고, 제2차 세계 대전 이후 대부분의
식민지는 독립했습니다.

두 차례의 세계 대전으로 유럽의 제국주의는 몰락했습니다.

who? 지식사전

식민지 시대의 독립운동가들

베트남의 독립을 이끈 호찌민

호찌민(1890~1969년)
베트남의 민족 지도자인 호찌민은 베트남이 프랑스의 식민지였던 시절에 태어났습니다. 그는
프랑스인과 베트남인을 평등하게 대해 줄 것을 요구했지만 거절당합니다. 제국주의 국가에
대해 환멸을 느끼고 사회주의를 선택하여 독립운동을 전개한 그는 일본군이 베트남에
들어오자 베트남인이 모두 일어나 싸울 것을 독려했고, 마침내 1945년 9월 2일 베트남의
독립을 이끌었습니다.

아웅 산(1915~1947년)
미얀마의 독립운동가인 아웅 산은 일본이 미얀마를 통치하자 목숨을 걸고 일본에 대항해
싸웠고 제2차 세계 대전이 끝나고 일본이 패망해 영국이 미얀마를 점령하자 미얀마의 독립을
위해 영국과 담판을 지어 독립을 이끌었습니다. 미얀마에서는 국가적 영웅이며, 그의 딸
아웅산수찌는 1991년 노벨 평화상을 받았습니다.

넷　　**우리나라가 겪은 제국주의**

1910년에서 1945년까지
우리나라는 일본에 식민 지배를
당했습니다. 이 시기를 일제
강점기라고 하는데, 일본은
우리나라를 일본에 병합하고
모두 일본식 이름을 쓰게 하는

대한민국 임시 정부 국무 위원
기념사진

창씨개명을 강요했지요. 또 토지를 빼앗고 강제로 노동과
전쟁에 동원해 많은 사람이 죽게 했습니다. 우리나라
여자들을 일본군의 위안부로 강제 징집해서 말할 수
없는 고초를 겪게 했을 뿐만 아니라 일본의 식민 정책에
거스르는 사람들은 가차 없이 죽임을 당했습니다.
이에 일본의 식민 지배에 저항하는 독립군이 조직되었고,
김구를 중심으로 중국 상해에 대한민국 임시 정부가
세워졌습니다. 이렇게 민족이 힘을 합쳐, 일본을 상대로
독립 투쟁을 계속한 결과 제2차 세계 대전에서 일본이
패망함으로써 우리나라는 독립할 수 있었습니다.

우리나라를 일본에 병합하는 데 앞장섰던
이토 히로부미

다섯　　**시대별 일제 통치**

무단 통치기(1910~1919년)

헌병이 일반 경찰 업무까지 담당하며
언론·출판·집회·결사의 자유를 박탈한 시기입니다.
우리나라의 토지를 빼앗아 일본인에게 넘겨주기도
했는데, 1919년 3·1 운동을 계기로 일본은 통치의 방향을
바꿉니다.

문화 통치기(1919~1931년)

겉으로는 교육과 직업에서 문호를 조금 열었지만 실상은
친일파를 양성하여 조선인 사이에 내분을 일으키려고

1919년 3·1 운동을 주도한 유관순의 동상
ⓒ Laurent Pawlowski

교활한 통치 방법을 썼던 시기입니다. 계획적으로 조선인 친일파를 양성했으며, 쌀을 수탈해 가고 조선인 노동자의 노동력을 값싼 임금으로 착취했습니다.

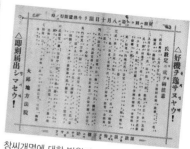
창씨개명에 대한 법원의 공고

민족 말살 통치기(1931~1945년)

조선인을 완벽한 일본인으로 만들기 위해 민족성 말살 정책을 펼쳤던 시기입니다. 일본 이름으로 개명하는 창씨개명을 강요하고 일본어로만 말하게 했습니다. 조선인에게 황국 신민의 선서와 신사 참배를 강요하는가 하면, 한글과 한국의 역사를 배우지 못하게 했습니다. 거리에는 일본군 위안부로 잡혀가는 소녀들의 울음소리와 일본군에 강제 징집되는 청년의 비명 소리가 끊이지 않았습니다. 일제의 이러한 만행은 1945년 8월 15일 일본이 연합국에 패망함으로써 마침내 끝이 났습니다.

광복 후 서대문 형무소를 나서는 독립운동가들

who? 지식사전

자랑스러운 우리나라의 독립운동가들

김구(1876~1949년)

대한민국 임시 정부 주석으로 우리나라의 독립을 위해 평생 일본에 저항한 김구는 윤봉길 의사의 훙커우 의거(훙커우 공원에서 폭탄을 던져 일본 고관들을 죽게 한 사건)를 지휘했으며, 광복 후에는 남북 분단을 막으려 노력했습니다. 김구는 광복 후 최고의 민족 지도자로서 우리나라 초대 대통령이 될 것이라고 예상했지만, 1949년 6월 26일 안두희에게 암살되었습니다.

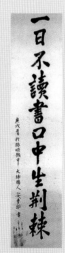

김구

안중근(1879~1910년)

안중근은 대한의군 참모 중장의 신분으로 이토 히로부미를 만주의 하얼빈 역에서 사살한 독립운동가입니다. 1907년 고종 황제가 일본에 의해 강제로 퇴위되는 등 사실상 주권을 상실하자 안중근은 1909년 이를 주도한 이토 히로부미를 사살했지요. 일본군에 체포된 뒤 안중근은 곧바로 사형을 선고받았으나 죽기 직전까지 의연하고 당당한 모습을 보여 일본 간수마저 존경심을 표할 정도였습니다.

안중근

'하루라도 책을 읽지 않으면 입에 가시가 돋는다'라고 쓴 안중근의 휘호

6 소금 행진

간디가 병에 걸렸다지?

감옥에 갇힌 간디는 병에 걸렸습니다.

콜록 콜록

간디가 병에 걸렸다지?

그렇습니다, 총독님.

이러다 간디가 감옥 안에서 죽기라도 하면 인도인이 폭동을 일으키겠지?

안 되겠군. 간디를 당장 석방해!

소금 제조는 영국의 독점 사업으로 인도에서는 소금이 매우
비싸게 팔리고 있었습니다.
소금은 영국 경제의 주 수입원이었으므로 인도인이 소금을
자체적으로 만든다면 영국 경제에 큰 타격을 줄 수 있었습니다.

인도에서
소금을 자체
생산한다고?

우리가 인도에
소금을 팔아서
버는 돈이 얼만데!

간디는 영국에 직접적인 타격을
주고 비싼 소금값으로 가난에
허덕이는 인도인을 위해 소금법에
대항하기로 한 것입니다.

소금은 모두
영국에서 수입해야
하는데 가격이
지나치게 비쌉니다.

맞아요, 소금 때문에
허리가 휩니다. 음식을
만들 때 소금을 안 쓸
수는 없으니 우리가
만들어야 해요.

하지만
우리가 만들다간
감옥행이라고.
법이 그래.

미국의 수필가
헨리 데이비드 소로는
'부당한 정책을 펼치는 국가에서
시민은 불복종할 수 있다'라고
했습니다.

이것이 바로 '시민
불복종'이지요.

예순 살이 넘은 간디는 소금 행진을 시작했습니다.
아슈람에서 단디까지는 무려 400킬로미터나 되는 먼 길이었습니다.

엄마, 저 사람은
누구예요?

오! 저분은
마하트마란다.
소금법을 없애기 위해
소금 행진을 하고
계시지.

간디 님께 드릴
먹거리라도
챙겨 와야지!

간디가 걸어가는 길에는 많은 인도인이
나와 먹을 것과 물을 주었습니다.

모두 일어나십시오.

난 특별한 사람이 아닙니다. 우리는 모두 평등합니다.

위대한 당신을 따라 우리도 소금 행진을 뒤따르겠습니다.

힘든 여정이 될 것입니다. 그래도 좋다면 환영입니다.

감사합니다!

소금 행진이 계속될수록 참여하는 인도인의 수도 늘어났습니다.

밤이 되면 사람들은 간디와 함께 길에서 잠을 잤습니다.

마을 주민들은 기꺼이 간디와 행진하는 사람들에게 먹을 것을 나눠 줬습니다.

고생이 많습니다. 이것 좀 드시오.

고맙습니다. 반드시 소금법을 없애겠습니다.

한편, 간디의 소금 행진은 총독의 심기를 건드렸습니다.

간디가 죽었다는 소식은 없나?

아직 없습니다.

이런 뙤약볕에 예순이 넘은 노인이 400킬로미터나 걸어간다는 건 자살행위나 다름없는데, 멀쩡하단 말이지?

그렇습니다. 그뿐만 아니라, 오히려 소금 행진에 참여하는 인도인의 숫자가 점점 늘고 있다고 합니다.

당장 잡아들일 수는 없나?

소금을 직접 만들기 전에는 법을 어긴 게 아니니까요. 단지 걸어간다고 해서 잡아넣을 수는 없습니다.

그렇다면 단디 해안에 경찰을 배치하고 간디가 소금을 만드는 즉시 체포하도록 지시하게.

네, 총독님!

간디 일행은 아슈람을 떠난 지 24일 만에,
단디 해안에 도착했습니다.
간디의 뒤를 따르는 사람은 어느새
수천 명으로 불어나 있었습니다.

400킬로미터를 걷는 게 쉬운 일은 아니었지만,
간디는 한 걸음씩, 한 걸음씩 해안을 행해
계속 전진해 나갔습니다.

드디어 바다에 도착했군.

단디 해안가에는 간디 일행이 도착하기 전 이미 영국 경찰이 지키고 있었습니다.

당신이 여기서 소금을 만든다면, 그 즉시 체포할 것입니다.

마음대로 하시오.

간디는 바닷물을 주전자에 담아
불 위에 놓고 끓였습니다.

오래지 않아 바닷물은 증발하여 날아가고
주전자에는 소금 한 움큼이 남았습니다.

우아~

간디가 소금법을 어기는 순간
주위에서 환호성이 터졌습니다.

와
아
아

간디, 당신을
소금법 위반으로
체포합니다!

이것으로 간디는 또다시 감옥에 갇히게 되었습니다.
그러나 간디가 소금을 먹은 이 행동은 많은 인도인에게
용기를 심어 준 상징적인 사건이 되었습니다.

우리도
소금을 만듭시다.

첨벙

첨벙

소금법을
어깁시다!

이, 이거……?

그날 이후 인도 전역에서 수백만의 인도인이 소금법을 어기고 소금을 만들기 시작했습니다. 이 소금법 저항 운동에는 여자들도 상당수 참여했습니다.

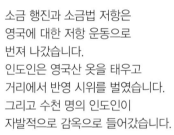

소금 행진과 소금법 저항은 영국에 대한 저항 운동으로 번져 나갔습니다. 인도인은 영국산 옷을 태우고 거리에서 반영 시위를 벌였습니다. 그리고 수천 명의 인도인이 자발적으로 감옥으로 들어갔습니다.

사태가 점점 심각해지는 데 무슨 방법이 없나?

간디와 협상하셔야 합니다. 인도인은 간디의 말이라면 모두 따르니까요.

결국 총독은 다시 간디를 불러 협상했습니다.

지금 인도인 수백만 명이 소금을 만들고 길거리로 나와 대영 제국에 반하는 시위를 하고 있소.

소금법을 폐지하십시오. 그리고 인도의 자치를 허용하십시오.

지금 전국적으로 번지는 반영 시위를 막아 준다면 생각해 보겠습니다.

간디는 이번에도 그 약속을 믿었습니다. 감옥에서 나온 간디는
반영 시위를 자제해 달라고 요구했고, 정부는 소금법을 폐지하기로 했습니다.
그러나 문제가 생겼습니다. 인도에 새로운 영국인 총독이 온 것입니다.

그렇습니다.
소금법으로 인해 발생한
반영 시위를 철폐하는 대신
인도 자치권을
약속했습니다.

무슨 말도
안 되는 소리입니까?
이전 총독과 인도 자치에
대해 약속을 하셨다고요?

난 모르는 일이오!

이럴 순 없습니다.
총독의 약속이 이리
가볍단 말입니까!

내게 반항하는 건
영국에 반항하는
것과 같다.
당장 간디를
감옥에 보내라!

새 총독은 간디를 다시 감옥에
보냈습니다.
간디는 몇 번이나 이런 식으로
인도인의 반영 시위가 거세지면
잠깐 풀려났다가 잠잠해지면
다시 감옥에 갇히곤 했습니다.

마하트마, 당신과 같은 곳에 있게 되어 영광입니다. 우리가 독립을 위해 여기서 할 수 있는 일이 없을까요?

감옥 안이라고 해서 우리가 할 수 있는 일이 없는 건 아니오.

그런데……

저 사람은 왜 구석에서 저러고 있소?

신경 쓰지 마십시오, 불가촉천민입니다. 천하고 더러운 녀석이죠.

간디는 감옥에서
불가촉천민 차별에 대해
고심을 거듭했습니다.

사탸그라하 운동

1913년 나탈에서 트란스발까지 벌인
사탸그라하 행진

하나 **사탸그라하란?**

사탸그라하는 마하트마 간디에 의해 시작된 비폭력 저항
운동의 철학으로, 사탸그라하는 산스크리트어로 '진리를
지킨다'라는 뜻입니다.
간디는 지켜야 할 진리를 인도의 독립으로, 그 방법을
비폭력으로 생각하고 '비폭력 저항 운동'이라는 유례가 없는
저항 방법을 실천해 냈습니다.

다양한 비폭력 저항 운동을 전개한 간디는 인도인을
하나로 뭉치게 했습니다.

둘 **간디의 첫 사탸그라하 운동**

간디의 사탸그라하 운동은 남아프리카에서 시작되었습니다.
간디는 잘못된 법을 어김으로써 그 법이 얼마나 부당한지
남아프리카 정부에 보여 주려고 했지요. 그는 인도 노동자와
행진을 벌여 아시아인 등록증 없이 트란스발 국경을 넘었고,
그것은 아시아인 등록법이 얼마나 허황된 것인지 정부가
깨닫게 하여 스스로 법을 고치도록 유도했습니다. 그러나
정부는 인도인을 폭력으로 다스렸습니다. 이로써 비폭력으로
자신의 의견을 보여 주는 간디보다 권력을 가진 정부가 더
야만적이라는 것을 세상에 드러낸 것입니다.
이 일을 통해 간디는 단숨에 세계의 주목을 받는 인사가
되었고, 남아프리카 정부는 미개인으로 보여져 세계로부터
질타받았습니다.
간디의 저항 운동처럼 더욱 놀라웠던 것은 인도 노동자의
끝없는 단결력이었습니다. 간디를 중심으로 똘똘 뭉친
인도인은 정부의 폭력에도 굴하지 않고 비폭력 저항을
계속했으며, 감옥에 가는 걸 두려워하지 않았습니다.

비폭력 저항 운동을 주장한 간디

나중에는 여자와 어린이들도 비폭력 저항 운동에
참여했습니다. 이것은 단지 사람들이 모여서 행진하는
것이었지만, 효과는 아주 컸습니다. 인도인을 하나로 모으고
정부에 잘못된 법안에 대해 확실히 알렸을 뿐만 아니라,
세계를 향해 정부의 야만성을 보여 주었기 때문입니다.

셋   사탸그라하 운동과 헨리 데이비드 소로

간디가 저항 운동에 확신하게 된 것은 미국의 수필가이자
철학자인 헨리 데이비드 소로의 저서 《시민 불복종》을 읽고
난 뒤였습니다. 《시민 불복종》은 국가가 부당한 정책을
펼치면 국민은 그에 저항할 수 있다는 사상을 담은 책입니다.
간디는 소로의 저서를 통해 인도에 부당한 차별을 가하는
영국에 불복종 운동을 하는 것이 나쁜 일이 아니라는 동기를
얻었습니다. 그리고 그것이 사탸그라하 운동이라고 확신한
간디는 다양한 방법으로 비폭력 저항 운동을 발전시켰습니다.

《시민 불복종》을 집필한 미국의 수필가이자
철학자인 헨리 데이비드 소로

who? 지식사전

간디의 명언

- 비폭력은 약한 것이 아니라 강한 무기이다.
- 약한 자는 다른 사람을 용서할 수 없다.
- 권리의 진정한 근원은 의무이다.
- 폭력이 짐승의 법칙인 것처럼 비폭력은 인간의 법칙이다.
- 비폭력은 내 신앙의 제1조이며, 내 강령의 마지막 조항이다.
- 이 세상에는 일곱 가지 죄가 있다. 노력이 빠진 부, 양심이 빠진 쾌락, 성품이 빠진 지식,
  도덕이 빠진 상업, 인간이 빠진 과학, 희생이 빠진 예배, 원리가 빠진 정치가 바로 그것이다.
- 인내는 정신의 숨겨진 보배이다.
- 지구 상의 어떤 나라도 자국의 나쁜 정부보다 다른 나라의 좋은 정부를 원하지 않는다.

God is Truth
The way to Truth
lies through Ahimsa
(non violence)
sabarmati   MKgandhi
13 2/27

비폭력에 대해 쓴 간디의 친필

넷 사탸그라하 운동의 발전 양상과 파급 효과

처음 남아프리카에서 사탸그라하 운동을 시작할 때는
인도인이 다 같이 모여 행진하는 정도였습니다. 이 저항
운동에는 간디의 아내 카스토르바이도 함께 참여했지요.
하지만 시위대에서 조금이라도 폭력적인 모습이 나타나면
간디는 곧바로 사탸그라하 운동을 중단시켰습니다.

간디와 그의 아내 카스토르바이

그리고 인도로 넘어온 간디는 사탸그라하 운동에서 한 걸음
더 나아가 하르탈 운동과 스와데시 운동을 주도했습니다.
하르탈 운동은 인도의 모든 노동자가 일손을 놓고
아무 일도 하지 않는 것입니다. 그러자 인도의 모든
경제 · 교통 · 교육 · 무역이 멈춰 버렸지요. 인도를 통해
상당한 이득을 취했던 영국에게 인도의 산업이 멈추는 건
보통 곤란한 일이 아니었습니다. 영국 경찰은 하르탈 운동에
참여하는 인도인을 강제로 일을 시키기 위해 폭력을 서슴지
않았지만 인도인들은 사탸그라하 정신을 지키며 폭력적인
대응을 하지 않았습니다.

구자라트 지역에 있는 간디의 사바라티 아슈람
© David Morris

한편, 국산품 장려 운동인 스와데시 운동은 영국에서
생산되는 물건을 사용하지 말고 인도인이 생산하는 제품을
사용하자는 운동입니다. 사실상 인도 산업은 영국이 지배하고
있었기 때문에 간디는 스와데시 운동의 성공을 위해서
인도인이 자급자족하며 살기를 바랐고, 그 본보기로
아슈람에서 농사를 짓고, 옷을 만들어 입으며 자신의
주장을 실천에 옮겼습니다.
이렇게 간디의 사탸그라하 운동이 실생활에서 실천할 수
있는 정도로 발전하자 그 파급력은 대단히 커졌습니다.
인도 전역에서 남녀노소를 가리지 않고 간디의 행동을
따라 하기 시작했던 것입니다.

아슈람에서 아내 카스토르바이와 함께 있는 간디.
자급자족을 권장했던 간디는 언제나 검소한
차림새였습니다.

다섯 ✦ 사탸그라하 운동의 의미

사탸그라하 운동은 간디를 중심으로 인도인이 뭉치게
만들었고, 영국 식민 정부를 향해 한목소리를 낼 수 있게
해 주었습니다. 그러나 무엇보다 중요한 것은 식민 지배
시대에 비폭력 저항이 성공을 거두어 마침내 독립으로
이어진 예는 인도가 유일하다는 것입니다. 간디와 인도의
사례는 인류가 야만적인 폭력을 동원하지 않고도 그릇된
정책과 제도를 고칠 수 있다는 것을 알려 준 것입니다.
비폭력 저항 운동으로 인도 민중의 영웅이자 지도자가
된 간디에게 시인 타고르는 '마하트마'라는 별칭을 지어
주었습니다. 마하트마라는 별칭은 순식간에 사람들에게
퍼졌고, 인도인은 간디에 대한 존경심을 담아 그를
'마하트마 간디'라고 불렀습니다.
간디의 사탸그라하 운동은 후세에도 영향을 끼쳐 미국의
마틴 루서 킹이 비폭력 저항 운동을 펼칠 수 있는 발판이
되었습니다.

간디와 타고르

뉴델리에 있는 간디 기념비

who? 지식사전

인간에게 소금이란?

소금은 짠맛이 나는 조미료로 염화나트륨을 주성분으로 합니다. 소금은 체액에
존재하며 삼투압을 통해 체액의 양을 조절하는 기능을 하기 때문에 매우 중요한
물질이지요. 삼투압은 농도가 다른 두 액체 사이에서 농도가 옅은 액체가, 농도가
높은 액체 쪽으로 유입되면서 생기는 압력입니다.
몸의 체액이나 혈액은 다양한 농도를 가진 액체가 섞여 있는데, 소금 성분이 이
액체들의 압력을 조절합니다. 그래서 몸에 꼭 필요한 성분이지요.
하지만 소금을 지나치게 많이 먹으면 고혈압과 혈관 장애에 걸릴 위험이 커집니다.
세계 보건 기구(WHO)가 정한 하루 소금 섭취 권장량은 5g 미만이지만, 우리나라
사람은 세계 보건 기구가 권장하는 섭취량보다 2.5배 정도 더 먹는다고 합니다.

인도 퐁디셰리 부근의 염전

7 영혼의 지도자

감옥에서 나온 간디는 불가촉천민에 대한 차별 철폐를
위해 인도 전역을 돌아야겠다고 결심했습니다.

저는 이곳 아슈람부터
불가촉천민에 대한 차별을
없애려고 했습니다. 하지만
차별은 여전히 남아 있지요.

그래서 인도 전역을 돌며
불가촉천민의 차별을 없애고자
국민에게 호소할 생각입니다.

간디는 불가촉천민을 위한
차별 철폐 운동을 시작했습니다.
불가촉천민을 위해 성금을 모으고
잡지를 발간하기도 했습니다.

또 9개월 동안 인도 전역을 돌며 인도인에게
불가촉천민 차별 철폐에 대해 호소했습니다.

불가촉천민들도
당당하게 힌두 사원에
들어올 수 있어야 합니다.
여기 힌두 사원은
아직 불가촉천민에게 문을
열지 않고 있어요.

세상에 천한 사람이
어디 있습니까?
모든 사람은
평등합니다.

불가촉천민과 우리는
평등한 힌두교도이며,
인도인입니다.

*이교도: 자기가 믿는 종교가 아닌 다른 종교를 믿고 받드는 사람. 또는 그런 무리를 일컫는다.

우리는 불가촉천민 운동에 반대한다! 우리는 불가촉천민과 함께할 수 없다!

그것은 불가촉천민 운동에 반대하는 힌두교도가 간디를 죽이기 위해 터뜨린 폭탄이었습니다. 다행히 간디는 무사했지만, 큰 충격을 받았습니다.

이렇게 뿌리 깊은 문제였다니. 내가 만든 공동체에서 실현했던 것만 보고 너무 쉽게 생각했어.

하지만 이것이 옳은 일이라면……. 반드시 불가촉천민에 대한 차별을 철폐하고 말 테다.

괜찮습니까?

괜찮습니다.
옳은 일을 위해서라면
위험한 일도
감수해야지요.

간디는 사람들의 반대가 심해질수록 더더욱
불가촉천민 운동에 앞장섰습니다.
그러던 중 제2차 세계 대전이 발발했습니다.

영국은 인도군을 전쟁에 참여시켰는데,
그 수가 수백만 명이나 되었습니다.

또 각종 광물 자원과 세금 등 전쟁에 필요한 물자를 인도를 통해 공급했습니다.

인도 국민 회의는 더 이상 영국이 인도의 인적, 물적 자원을 앗아 가는 걸 두고 보지 않았습니다. 1942년 국민회의는 영국은 인도에서 떠나라는 결의문을 채택했습니다.

이제 당신들의 나라로 돌아가야 할 때가 되었습니다. 인도에 있는 영국군과 관리는 모두 인도를 떠나시오!

국민회의 의장 네루는 간디를 찾아가 도와줄 것을 요청했습니다.

물론이오. 다시 대대적으로 불복종 운동을 한다면 전쟁을 치르는 영국은 인도의 저항 운동을 막지 못할 겁니다.

마하트마, 이제 드디어 인도 독립을 실현할 순간이 왔습니다. 도와주십시오.

그 후 대대적인 불복종 운동이 펼쳐졌습니다. 영국은 전쟁과
인도에서 펼쳐지는 반영 시위를 막느라 정신이 없었습니다.

1945년 전쟁이 끝났습니다. 영국은 전쟁에서 승리했지만,
막대한 경제적 타격을 입었습니다.
인도의 독립운동은 더욱 거세어졌습니다.

영국은 인도의 대규모 독립운동에
결국 손들었습니다.
새로운 수상 애틀리는 인도의 독립을
공식적으로 약속했습니다.

이제 인도는 더 이상
영국의 식민지가 아닙니다.
인도의 독립을 인정합니다.

마하트마,
마하트마!

네루!
무슨 일이오?

드디어 우리가
독립을 합니다!
영국이 인도의
독립을
공식적으로
약속했습니다.

오,
신이시여!

거리에는 독립을 만끽하는 사람들의 환호성으로 넘쳐났습니다.

수많은 인도인이 거리로 나와 독립의 기쁨을 만끽했습니다. 그만큼 독립은 감동적이었습니다.

와아아~!

우리가 독립했다! 인도 만세!

간디는 행복했습니다. 간디는 독립한 인도에서 계급과 종교에 상관없이 모두가 행복해질 거라고 믿었습니다.

이제 행복만 남았어!

그러나 간디는 곧 나쁜 소식을 듣게 되었습니다.

독립 절차는
어떻게 되고
있소?

조금 골치 아프게
되었습니다.
이슬람 연맹의 지도자인
알리가 힌두교도와 함께
나라를 건국할 수 없으니,
자기들끼리 따로 나라를
세우겠다고 고집을
부리고 있습니다.

네루,
그게 무슨 소린가?

이슬람 연맹은 인도 독립을 위해
인도 국민 회의와 힘을 합쳐
영국과 싸우던 단체였습니다.
하지만 막상 영국에게 인도 독립의
약속을 받아 내자,
이슬람 연맹 지도자 알리는
이슬람만을 믿는 자신들만의 나라를
세우고 싶어졌습니다.

이대로 독립하면
힌두교도가 대부분일 텐데,
그럼 인도 내에 얼마 되지 않는
우리 이슬람교도가
차별받을지도 몰라.
이슬람교도만을 위한
나라를 세워야겠어.

안 될 말이지.
계급과 종교를 떠나서
우린 모두 인도인이야.
어리석게 왜 여기서
갈라진다는 건가?

우리도
최선을 다하고
있습니다만…….

인도에는 이슬람교도가
필요 없어!

따로 살겠다는
이슬람교도를
모두 죽여라!

간디가 생각한 것보다
상황은 훨씬 심각했습니다.
인도에서 분리 독립하려는
이슬람교도와 그것을 막으려는
힌두교도가 결국 서로를
미워하며 상대편에 대한 공격을
서슴지 않았습니다.

이슬람교도가 많이 사는 지역에선
그 반대로 힌두교도를 탄압하는
폭동이 일어났습니다.

힌두교도가
여기 왜 있어!
저리 꺼져!

간디는 종교 갈등으로 폭동이 일어난 곳을 다니며 종교인들 간의 화해를 촉구했습니다.

어렵게 얻은 독립인데 이제 와서 종교 때문에 갈라져서는 안 됩니다. 힌두교도 여러분, 이슬람교도를 포용해 주십시오.

이슬람교도 여러분, 힌두교도를 넓은 마음으로 안아 주십시오.

마하트마는 제정신인가?

이슬람교 녀석들한테 얼마나 많은 힌두교도가 죽임을 당했는데, 그들을 용서하라니?

힌두교도와는 결코 같은 하늘 아래 살 수 없다. 그러고 보니 마하트마, 당신도 힌두교도지?

간디의 간곡한 호소는 어느 쪽에도 통하지 않았습니다.
이슬람교도와 힌두교도의 충돌은 계속되었습니다.

1947년 8월 15일,
결국 인도는 힌두교도 중심의
인도와 이슬람교도 중심의
파키스탄으로 분열했습니다.

파키스탄

인 도

간디는 분리 독립이 된 뒤에도 인도와 파키스탄이 다시 한 나라로 합쳐지기를 기원하며 매일같이 기도소를 찾았습니다.

마하트마, 당신에게 인사해도 되겠습니까?

아, 물론이지요. 그대는 누구신가요?

힌두교의 영광을 위하여!

탕탕

1948년 1월 30일,
힌두교와 이슬람교의 화해를 위해
노력하는 간디를 못마땅하게 여긴
힌두교도 나투람 고드세에게
암살되었습니다.

인도의 초대 수상 네루는 라디오 방송을 통해 간디의 죽음을 인도 전역에 알렸습니다.

아, 빛이 사라졌습니다. 우리나라에 찬란하게 빛나던 우리 영혼의 지도자, 우리의 아버지가 이제 이 세상에 없습니다.

간디의 장례식에는 150만 명의 인도인이 모여들어 장례 행렬이 9킬로미터나 이어졌습니다.

무슨 말을 해야 할지 모르겠습니다. 그 빛은 결코 평범한 빛이 아니었습니다.

간디의 유해는 화장되었습니다.
인도는 물론 전 세계에서 인도 건국의 아버지
마하트마 간디의 죽음을 애도했습니다.

으흐흐흑……

마하트마!

마하트마 간디.
그는 비폭력 저항 운동을 고안해 내고
그것을 끝까지 지킨 민족 지도자였습니다.

간디는 수천 년 동안 뿌리 깊이 내려오던 카스트 제도와 불가촉천민 차별에
반대했습니다. 그의 노력으로 1947년 카스트 제도는 인도 법에서 사라졌고,
2009년에는 불가촉천민에서 인도 국회 의장이 선출되기도 했습니다.

간디는 종교의 차별을 금지하고
모두가 화합하여 어울려 살아가기를
바랐습니다. 인도에는 파키스탄으로
넘어가지 않은 이슬람교도가
1억 2천만 명에 이릅니다.
현재 인도는 가장 많은 종교의 사람이
어울려 살아가는 국가입니다.

오늘날 인도의 모든 지폐에는
간디의 얼굴이 새겨져 있습니다.
그것은 지금도 간디가
인도의 정신적 지주이자
인도 독립의 아버지로서
존경받고 있음을 나타냅니다.

간디가 죽은 뒤,
미국의 마틴 루서 킹은 간디의
비폭력 저항 운동을 받아들여
미국의 인종 차별에 저항하는
운동을 펼쳤습니다.
대륙과 시대, 인종을 넘어
간디의 가르침이
빛나는 순간이었습니다.

위대한 영혼, 마하트마 간디는
오늘날 인도 건국의 아버지로 칭송받고 있습니다.
하지만 그보다 더 그를 빛나게 했던 건 옳은 일과
진리에 대한 탐구, 모두를 평등하게 사랑하는 마음,
부당함에 맞서 싸울 줄 알았던 용기였습니다.

*네루는 그의 죽음을 두고 큰 빛을
잃었다고 했지만, 그는 지금도
온 세계인의 가슴에 찬란한 빛을
비추고 있습니다.

* 자와할랄 네루(1889~1964년): 인도의 제1대 총리

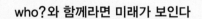
who?와 함께라면 미래가 보인다

어린이
진로 탐색

인권 운동가

어린이 친구들 안녕?
마하트마 간디 이야기 재미있게 읽었나요?

그렇다면 이제부터
마하트마 간디가 꿈을 키워 가는 과정을 함께 되짚어 보며
그가 활동한 분야와 그 분야에 속한 다양한 직업에 대해
살펴봐요!

또한 여러분에게는 어떤 장점과 적성, 가능성이
숨어 있는지 찾아보면서
그것을 어떻게 진로와 연결시킬 수 있는지에 대해서도
알아봅시다.

그럼 지금부터
여러분이 멋진 꿈을 향해 나아갈 수 있도록 도와줄
진로 탐색을 시작해 볼까요?

자기 이해부터
진로 체험까지,
다양한 진로 탐색
활동을 시작해 봐요!

옳지 않은 일에 반대하는 용기란?

간디는 어렸을 적부터 양심을 지키기 위해 노력했어요. 영어 시험을 볼 때 선생님이 몰래 정답을 알려 주었지만 고치지 않았고, 힌두교도로서 하지 말아야 할 행동을 자발적으로 아버지께 고백하기도 했지요. 이러한 행동은 영국 제국주의에 맞서 인도인의 인권을 지키려는 용감한 행동으로 이어졌습니다.

여러분도 옳지 않은 일에 반대하는 의견을 말하거나, 그에 따르지 않는 용기 있는 행동을 떠올려 보세요.

✳ 자신이 잘못을 했거나 옳지 않은 일을 보았던 경험이 있나요? 어떤 일인지 써 보세요.

✳ 옳지 않은 일에 대해서 어떤 행동을 했나요?

✳ 어떻게 용기를 낼 수 있었나요?

✳ 경험을 통해 무엇을 느꼈나요?

세계 인권 선언이란?

간디는 위대한 지도자이자 평화적인 방법으로 인권을 지켜낸 인권 운동가입니다.
인권이란 사람으로서 당연히 누려야 할 권리로, 법으로 보호받는 힘이나 자격을
뜻합니다. 1948년 12월 10일 전문과 30개 조항으로 이루어진 '세계 인권 선언'이
유엔 총회에서 채택되었어요.
다음 선언문의 조항과 관련하여 간디가 한 일은 무엇인지 이야기해 보세요.

인권 선언문 조항	간디가 한 일

제2조
모든 사람은 인종, 피부색, 성, 언어,
종교 등 어떤 이유로도 차별받지
않으며, 이 선언에 나와 있는 모든
권리와 자유를 누릴 자격이 있다.

→

간디는 인도인을 등록하고 감시하고
차별하기 위해 만들어진 아시아인
등록법에 반대하여 다른 인도인들과
함께 아시아인 등록을 거부하는
운동을 펼쳤습니다.

제13조
모든 사람은 자기 나라 영토 안에서
어디든 갈 수 있고, 어디서든 살 수
있다. 또한 그 나라를 떠날 권리가
있고, 다시 돌아올 권리도 있다.

→

제20조
모든 사람은 평화적인 집회 및
결사의 자유를 누릴 권리가 있다.

→

우리 주변에서 일어나는 인권 침해는?

간디는 인도인이 영국인에게 차별당하는 것이 잘못되었다고 느끼고 인도인의 인권을 위한 운동을 펼쳤어요. 우리 주변에서도 종종 다른 사람의 인권을 침해하는 일이 생기곤 한답니다. 친구가 싫어하는데도 계속해서 놀린다거나, 가난하거나 힘이 약한 사람을 함부로 대하는 일도 모두 인권을 침해하는 행동이에요.
다음 글을 읽고 어떻게 행동하면 좋을지 이야기해 보세요.

> 우리나라에는 외국인 노동자의 도움을 받아 회사를 경영하는 곳이 많아요.
> 외국인 노동자란 한국 회사에서 근무하는 외국인을 말하지요. 이들은
> 전문성이 적거나 한국어가 서툴러 주로 힘든 일을 맡아서 하지만 월급은
> 적게 받아요. 또한 한국 국적이 없을 경우, 법의 보호를 받지 못해서
> 부당한 일을 당해도 자신의 권리를 당당하게 주장하지 못하는 일이 종종
> 일어납니다.

✳ 글을 읽고 어떤 생각이 들었나요?

✳ 우리가 어떤 방법으로 외국인 노동자를 도울 수 있을지 생각해 보세요.

✳ 우리 주변에서 일어날 수 있는 인권 침해 사례를 적어 보세요.

진로
탐색
STEP 4

인권 운동가가 된다면?

간디는 인도인의 권리를 지키려고 노력했고, 그러기 위해서 법을 공부해서
차별받는 인도 회사나 인도인을 도왔어요. 인권 운동가는 외국인이라고 차별당하는
사람들뿐만 아니라 상대적인 보호가 필요한 어린이, 여성 등을 위해 일할 수 있어요.
만약 내가 인권 운동가가 된다면, 어떤 사람들의 인권을 어떻게 지키는 사람이
될까요? 20년 뒤 인권 운동가가 된 나의 모습을 상상하며 가상 일기를 써 보세요.

월   일   요일 날씨:

오늘 .... 한 사람을 위해서 일했다.

이 사람은 .... 때문에

사람들에게 차별받고 무시당하고 있었다.

그래서 인권 운동가로서 이 사람을 위해서 ....

....

.... 하는 일을 했다.

법을 공부해서 남아프리카에 사는 인도 사람들을 위해 일했던 간디를

본받기 위해, 어렸을 때 .... 을/를

공부하고 노력했기 때문에 이런 도움을 줄 수 있었던 것 같다.

인권을 지키는 말은?

간디가 수많은 인도인들과 함께 권리를 지켜냈듯이 인권 활동은 많은 사람이
한목소리를 내는 것이 가장 효과적이에요. 하지만 일상생활에서도 인권을 지키는
방법이 있답니다. 바로 인권을 침해하지 않는 올바른 말을 쓰는 것이에요.
국가나 인종이 다른 사람은 물론이고, 몸이 불편하거나 가난하거나 약한 사람이
듣기에 상처가 되는 말을 사용하지 않는 것도 인권을 지키는 중요한 활동이에요.
일상생활에서 사용하는 말 중에서 바꿔서 사용하는 어휘와 그렇게 바꿔야 하는
이유를 알아 보세요.

살색 → 살구색

'살색'은 황색 인종의 피부색을
따서 지은 이름인데, 백인과
흑인 등 여러 인종이 함께
사는 사회에서 차별이 될 수
있기 때문에 '살구색'으로 바꾼
것입니다.

정신 지체 → 지적 장애

'지체'란 '지연시키다, 모자라다'의
뜻이 있고, '정신'이라는 표현도
워낙 포괄적이고, 사람들에게
부정적인 이미지를 심어 줄 수도
있기 때문에 '지적인 면에서
어려움을 지녔다'라는 뜻의 '지적
장애'로 바꾼 것입니다.

바른말은 나와
상대방을 존중하는
거야.

국제 사면 위원회란?

국제 사면 의원회는 국가 권력에 의해 처벌당하고 억압받는 각 나라의 정치범들을 구제하기 위하여 설치된 국제 비정부 기구로 '국제 앰네스티'라고도 부릅니다. 이데올로기 · 정치 · 종교상의 신념이나 견해 때문에 체포 · 투옥된 정치범의 석방, 공정한 재판과 옥중 처우 개선, 고문과 사형의 폐지 등을 목적으로 하지요. 우리나라에서는 김대중 전 대통령, 시인 김지하 등이 이 기구를 통해 도움을 받기도 했어요. 이렇게 세상의 부당함에 맞서는 활동을 통해 국제 사면 위원회는 노벨 평화상, 유엔 인권상을 수상했습니다.

편지 한 통으로도 세계의 인권 문제 해결에 참여할 수 있답니다.

국제 앰네스티는 세계 최대의 인권 단체입니다.
ⓒ John Lemieux

국제 사면 위원회(한국 지부) 홈페이지에서 찾아볼 수 있는 활동

＊ **홈페이지 :** amnesty.or.kr

온라인 액션	양심수를 가둔 나라의 대통령에게 편지를 보내요.
레터스나잇 활동	회원들이 모여서 편지를 써요.
후원하기	인권 운동을 경제적으로 지원해요.

연표

마하트마 간디

1869년		포르반다르(카티아와르)에서 태어납니다.
1882년	13세	카스토르바이와 결혼합니다.
1888년	19세	법학을 공부하기 위해 영국 유학길에 오릅니다.
1891년	22세	변호사 자격을 취득하여 인도로 돌아와 변호사 사무실을 엽니다.
1893년	24세	남아프리카에 인도 이주민들의 정치적 지도자로 부상합니다.
1895년	26세	인도인에 대한 '인두세 반대 투쟁'을 개시합니다.
1903년	34세	요하네스버그에 변호사 사무실을 엽니다.
1906년	37세	아시아인 등록법에 반대해서 최초의 '사탸그라하 투쟁'을 시작합니다.
1910년	41세	요하네스버그 교외에 톨스토이 농장을 만들고, 공동체 실험을 합니다.
1913년	44세	트란스발을 향해 국경을 넘습니다.
1914년	45세	남아프리카에서 사탸그라하 투쟁을 벌여 승리합니다.

1915년	46세	22년 만에 인도로 귀국합니다.
1917년	48세	인도에서 최초로 '사탸그라하 운동'을 벌입니다.
1919년	50세	재판 없이 인도인을 투옥할 수 있는 '롤래트 법'에 반대합니다.
1920년	51세	인도 가정에서 물레 사용을 촉진하여 영국 직물을 배척, 비협조 운동을 벌입니다.
1930년	61세	400킬로미터를 걷는 '소금 행진'을 감행합니다.
1933년	64세	불가촉천민을 위한 운동을 합니다.
1945년	76세	제2차 세계 대전이 끝나고, 영국에서 인도의 독립을 인정합니다.
1946년	77세	독립 문제로 힌두교도와 이슬람교도 사이에 이견이 발생합니다.
1947년	78세	독립된 두 개의 자치 국가인 인도와 파키스탄으로 나누어집니다. 간디는 힌두교와 이슬람교의 화합을 위해 연설합니다.
1948년	79세	간디는 힌두교 광신자인 나투람 고드세에 의해 암살당합니다.

who? 한국사

초등 역사 공부의 첫 단추! '인물'을 알아야 시대가 보인다

● 선사·삼국　● 남북국　● 고려　● 조선

※ who? 한국사(전 47권) | 대상 초등학교 전 학년 | 책 크기 188×255 | 각 권 페이지 190쪽 내외

who? 인물 중국사

인물로 배우는 최고의 역사 이야기

※ who? 인물 중국사(전 30권) | 대상 초등학교 전 학년 | 책 크기 188×255 | 각 권 페이지 190쪽 내외

who? 아티스트

최고의 명작을 탄생시킨 아티스트들을 만나다

● 문화·예술·언론·스포츠

※ who? 아티스트(전 40권) | 대상 초등학교 전 학년 | 책 크기 188×255 | 각 권 페이지 190쪽 내외

who? 인물 사이언스

기술로 세상을 발전시킨 과학자들의 이야기

※ who? 인물 사이언스 (전 40권) | 대상 초등학교 전 학년 | 책 크기 188×255 | 각 권 페이지 180쪽 내외

who? 세계 인물

세상을 바꾼 위대한 인물들의 이야기

※ who? 세계 인물(전 40권) | 대상 초등학교 전 학년 | 책 크기 188×255 | 각 권 페이지 180쪽 내외

who? 스페셜 · K-pop

아이들이 가장 만나고 싶고, 닮고 싶은 현대 인물 이야기

※ who? 스페셜 · K-pop | 대상 초등학교 전 학년 | 책 크기 188×255 | 각 권 페이지 190쪽 내외